1枚から占える 完全版 未来がわかる

タロット占い

紫月香帆

主婦の友社

はじめに

　タロット占いを始めたくて、この本を手に取ってくださった皆様へ。タロット占いとは、大アルカナ22枚と、小アルカナ56枚の合計78枚のカードを使い、引いたカードがもつメッセージを読み取ることで、占うもの。どんな相談や悩みでも占うことができます。そしてこの占いの最大の魅力は、カードさえあれば、特別な能力がなくても誰でも鑑定できるということです。

　例えば、どんなに仲のよい友達でも、「今日はどんな服を着て行けばいいかな？」「デートはうまくいくかな？」などと、何から何まで相談していたら、あきれられてしまいますよね。そんな時にも頼れるのが、タロット占い。いつどんな時でも嫌な顔ひとつせず、あなただけの優秀なアドバイザーとなってカードは答えを出してくれます。

　本書では、初心者でもわかりやすいように、タロット占いの基本をまとめました。初心者の人に向けて小アルカナは正位置だけで読み解きます。

「たくさんあるカードの意味を覚えるのはたいへんそう…」
「複数のカードの意味から読み解くのは難しそう…」
　そう思っている人もいらっしゃるはず。

　本書のタロット占いの特徴は、カードの意味を読み取らなくて
も、運勢やパワーストーン、ラッキーカラー、アクションなどが
わかること。特にパワーストーンは持ち歩くと運気がアップしま
す。カードを待ち受け画面にする代わりに、それぞれのカードの
ページで紹介しているパワーストーンを持ち歩くのもOK。これ
らは、私、紫月香帆がカードの意味に基づいて、九星気学や風水、
色彩心理学などを組み合わせて導き出したオリジナルです。

　p.195 〜 207ではカードを読み解くキーワードを一覧にして
いるので、ひと目で見られて便利です。これから起こそうとして
いる行動や行き先、ファッションや小物などを選ぶ時に、ぜ
ひ積極的に参考にしてみてください。

さらに、もっと気軽に占ってほしいという思いを込めて、タロットカード1枚でできる「おみくじタロット占い」を巻頭で紹介しています。

　おみくじのようにカードを引くだけで、1日の運勢や、今必要なアドバイスを占えるというもので、使うカードは大アルカナ22枚のみ。方法は一般的なワンオラクルという占い方と同じです。

　じつは私も何かに迷った時や、選択をせまられた時などにこの方法を活用しています。とってもかんたんで、誰でも気軽にできるおすすめの方法です。

　しかも毎日行うことで自然とタロットカードの意味を覚えられるようになるので、2章で紹介している代表的なタロット占いも、より親しみやすくなるでしょう。

タロットカードは、幸せをかなえる魔法のカードではありません。毎日占っているからといって必ず幸せになるわけでも、不幸を避けられるわけでもありません。カードがくれたメッセージをどう生かし、役立てるのかは、すべてあなたの解釈次第なのです。どんなメッセージも前向きに解釈して、そこから暮らしに役立てて行動してみましょう。とらえ方次第で幸運体質になり、毎日が驚くほど上昇気流に乗っていくはずです。

　タロット占いは、毎日の生活の質を少しずつ上げていき、幸運を呼び寄せるためのものです。カードを引くその瞬間が、忙しい毎日の中で、心を落ち着けて自分自身と向き合う、貴重な時間になりますように。

開運セラピスト
紫月香帆

\ カード1枚でできる! /

おみくじタロット占い

大アルカナ22枚からカードを1枚引くだけのおみくじタロット占い。
カンタンですぐ実践できるのがで、難しく考えず気軽に占ってみましょう。

占いの手順

カードを引くタイミングは決まっていませんが、「行動を起こす前」「何か始まる時」がベスト。1日の始まりに引くとその日の傾向と対策がわかり、ハッピーに過ごせます。カードはテーブルの上に広げても袋に入れて引いてもOK。場所やタイミングなど、その時の都合に合わせてやりやすい方法で行いましょう。

平行に
裏返しましょう

1 できるだけ静かな場所を選ぶ

カフェでも仕事場のデスクでもOKですが、できれば静かに心を落ち着けられる場所で。家なら一人になれる所を探しましょう。風水的には北側の部屋が集中できます。

2 テーブルで行うなら クロス（布）を敷いて

クロスは、例えて言うなら相撲の土俵。「カードは自分への大切なメッセージ」と考えると、場を整えることは重要です。カードの滑りもよくなり、つかみやすくなるのも利点。

3 カードを触る前に手洗いを

カードに直接触れる手が汚れていると、正しいメッセージをもらえません。手はカードとつながる大切な場所。手を清潔にして、心をフラットな状態にしてから始めましょう。

4 占いたいことを 心の中で唱えてシャッフル

カードをシャッフルしたら、フラットかつ謙虚な気持ちで心の中で質問しながら引きます（シャッフルの方法はp.72）。「○○が出ますように」など、願いや望みが強過ぎると正しい答えをもらえないので注意しましょう。

5 カードを1枚選んで完了

出たカードのメッセージはp.18～61で解説しています。

新たなアクションの前に
1枚めくる

　新たな行動の前なら1日何度占っても
OK。「午前中の仕事はうまくいくかな」
と占う場合は朝に、「夜のデートは？」
と気になる場合は夕方など、新しいアク
ションの前に引けば、より確度の高いア
ドバイスが得られます。ただし、よいカ
ードが出るまで同じテーマについてを引
き続けるのは、正確な答えが得られない
ので避けましょう。

こんな時に活用しましょう

1　選択に迷った時

方向性に自信がもてない時
や、選択に迷った時、すぐに
アドバイスをもらえます。ポ
ジティブなカードなら自信を
もって一歩が踏み出せ、ネガ
ティブなカードが出ても注意
するポイントを教えてもらえ
て安心です。

2　新しいことを始める時

習い事を始める、出会った相
手と交際する、転職するなど、
新しいことを始めるのに人知
れず不安になった時にたずね
てみましょう。よい流れに乗
るため、スムーズなスタート
を切るための的確なアドバイス
がもらえます。

3　日々の何気ないことでもOK

「今日の洋服は何色にしよう」
「今日の夕飯はどうしよう」
など、どんな小さなことでも
タロットカードに聞いてOK
です。家族にすらあきれられ
てしまうような質問でも、常
に優しく正直な答えを用意し
ています。

? タロットカードの手入れは必要？

　普段から清潔な手で触り、丁寧に扱っていれ
ば特別なお手入れはしなくてもOK。端がめくれ
たり、折れ曲がったりしたら買い換え時。出るカ
ードに偏りや違和感を感じたら、お香やセージ
の煙などにかざして清めてもいいでしょう。

　カードはアドバイスをくれたり、注意・警告を
してくれたりする大切な相棒。粗雑（そざつ）に扱わず、お
気に入りの巾着やポーチなど特別な入れ物で大
切に保存しましょう。

占いの4つの心得

カードからより適切なアドバイスをもらい、生活をよくするために、
次の4つの心得を理解しておきましょう。

心得
①

カードは自分だけの
アドバイザー

　おみくじタロット占いは、自分のために自分で引く、とてもメッセージ性の強い占い。誰にも言えない個人的な悩みも、友達にも聞いてもらえないような小さなことも、遠慮なく毎日相談できます。

　カードは心強い相棒であり、気のおけない親友のようなもの。カードからのメッセージはあなたのためだけに贈られた、とても親身な「アドバイス」です。だからこそ占う時は「メッセージをいただく」という謙虚な気持ちを忘れずに、カードは普段から大切に扱いましょう。

心得
②

占う時は
フラットな気持ちで

　カードからの正しいメッセージを受け取るために、心を落ち着けてフラットな気持ちでカードを引きましょう。「どうしても彼とうまくいかせたい」「絶対にこのカードを引く」などと願望や欲望が強いと、本当に必要なメッセージが届かなくなってしまいます。信頼できる友達に「どう思う?」と相談するように、素直な心でカードに聞けば、不思議と今の自分にふさわしいメッセージが現れます。

　カードを引くほんの一瞬が、静かに自分と向き合う貴重な時間にもなります。

同じカードがよく出ると感じたら、それは自分へのテーマや課題であることが多いようです。例えば［塔］のカードなら、質問したことがうまくいかないのではなく「短気を起こさないで」という自分への忠告やアドバイスなのかも。今一度自分の行動や考え癖を見直す時と受け止めましょう。

心得

③ カードのメッセージは
　方向性の確認に

カードから読み取れるメッセージや解釈は、抽象的な意味がほとんどです。つまりそのカードをどう読むか、どうとらえるか、どう生かすかは自分次第ということ。基本的には自分で決めたことを、「本当にこれでOK？」と最終的に確認するために使うといいでしょう。

カードに依存し過ぎないことが、タロット占いと上手につき合うコツ。カードからのメッセージを参考にして、自分の行動や考え方を上手にコントロールできれば、幸運を引き寄せることができます。

心得

④ よくないカードは
　ありがたく受け止めて

タロットカードには［死神］［悪魔］など、不吉に見えるものもあります。しかしカードは決して人を脅すものでも、悪い方向に導くものではありません。これらが示すのは、「短気を起こさないで」「マイナス思考になってるよ」といった、未来をよりよくするための注意や警告。そして、どうしたら悪い運勢に引っ張られないかを考えるチャンスでもあります。

自分のために、本気で忠告してくれるアドバイザーがそばにいると考え、ありがたく受け止めましょう。

もくじ

1章 ● **大アルカナ22枚の解説**

Column

2章 基本の7つの占い方

3章 小アルカナ56枚の解説

4章 タロットカードを深める知識

5章 いろいろな悩みで実践練習

巻末特集 タロットカードのキーワード一覧

カード解説の見方

1章では大アルカナ、2章では小アルカナについて解説します。

大アルカナ

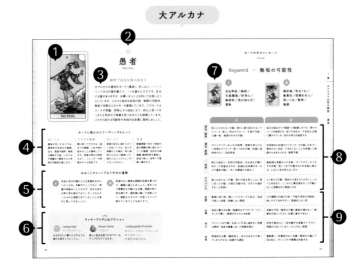

	内容
❶	カードの絵柄
❷	カードの番号と名前
❸	絵柄から読み取れる基本的な意味
❹	カードを読み解くヒントとなる絵柄とそれが意味するもの
❺	おみくじタロットとして1日の運勢を占った場合の運勢
❻	そのカードを引いた時のラッキーアイテムやアクション
❼	カードが意味する主なキーワード
❽	現在／結果、過去／原因、未来、アドバイスの位置にそのカードが出た時の読み解きの例
❾	恋愛、仕事、対人、お金をテーマに占った時の読み解きの例

小アルカナ

大アルカナ
22枚の解説

大きな力をもつのが大アルカナのカード。
それぞれどんな絵が描かれているのか
どんなテーマがあるのか見てみましょう。

大アルカナの基本

逆さに吊るされた男性や愛を語り合う男女など、
タロットを代表する22枚の大アルカナカード。
それぞれ名称がついたカードには特徴的で神秘的な絵が描かれ、
さまざまな意味を表しています。

象徴やメッセージが盛り込まれたタロットカードの基本

　大アルカナとは、全タロット78枚の中の特に重要な意味が盛り込まれた0から21までの22枚のカードのこと。「タロットカード」と聞くと、この22枚の絵柄を思い浮かべる人は多いでしょう。

　カードには人物や建物、動物、自然現象などが、さまざまな意味の寓意や象徴として描かれています。また、0で生まれた[愚者]の無垢な魂が愛を見つけ、10で[運命の輪]を回しながら成長を遂げ、21の[世界]で完結する1つの物語としても見

ることができます。タロットは専門家や占い師だけが読み解ける特別なツールではなく、私たちの人生や日々の生活に起こる出来事を絵柄で解説してアドバイスしてくれるものなのです。

　まずは22枚のカードの意味を把握することが大切ですが、最初からすべて覚えようとしなくても大丈夫。描かれた人物や風景をよく見て、自分がどう感じるか、どんなイメージが湧くかを関連づけて覚えるようにしましょう。

	0	1	2	3	4
Start	The FOOL 愚者	The MAGICIAN 魔術師	The HIGH PRIESTESS 女教皇	The EMPRESS 女帝	The EMPEROR 皇帝

	21	20	19	18	17
Goal	The WORLD 世界	JUDGEMENT 審判	The SUN 太陽	The MOON 月	The STAR 星

正位置と逆位置で変わるカードの意味

カードの絵柄が正しい向きのことを「正位置」、逆向きに出ることを「逆位置」といいます。大アルカナであれば、ローマ数字の位置が上なら正位置、下なら逆位置と見分けることができます。

正位置であれば、カードがもつ意味をそのまま解釈します。逆位置の場合は、カードの意味が過剰に出してしまったり、ねじ曲がったり、悪い面が強調されると考えましょう。ただし小アルカナは読み取りが難しく、解釈もまちまち。そのため本書では大アルカナは逆位置の意味も読み取りますが、小アルカナは正位置のみを採用しています。

正位置

カードの性質や意味がそのままストレートに、ポジティブに表れる。

逆位置

逆さまに出ることでカードの性質が弱まり、ネガティブな意味が強まる。

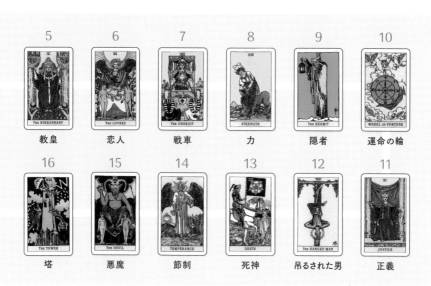

5	6	7	8	9	10
教皇	恋人	戦車	力	隠者	運命の輪

16	15	14	13	12	11
塔	悪魔	節制	死神	吊るされた男	正義

愚 者
THE FOOL

純粋で自由な旅の始まり

大アルカナの最初のカード[愚者]。手には白いバラ、アサガオ模様の服を着て白いイヌを連れた若者です。足元には崖がありますが、お構いなしに上を向いて出発しようとしています。これから始まる未知の旅、無限の可能性、無垢で未熟なエネルギーを象徴しています。このカードはルールや常識、恐怖心から自由になり、初心に戻ってまっさらな気持ちで物事を見つめることを提案しています。これから訪れる可能性や未知の出来事に期待しましょう。

カードに描かれたリーディングのヒント

白いバラ	アサガオ模様	白いイヌ	若者
愚者が手にするバラは、精神性や生命力の象徴。白は、高潔や純粋、無垢を意味する色。しがらみや常識から解放された未知の可能性を感じます。	朝に咲くアサガオは、始まりの象徴。人生や旅が始まることを意味しています。若者は男女の性別もなく、ジェンダーの枠組みからも自由です。	若者の足元に連れられている白いイヌは、友人や周囲の人を暗示。同じ純粋な心をもつ動物こそ、旅のともにふさわしいのかもしれません。	断崖絶壁へ向かう若者の姿は困難を乗り越えるパワーの象徴。左向きは無意識、精神世界を意味し、自由で新しい世界への冒険へ導きます。

おみくじタロットで占う今日の運勢

 本当に自分の望むことを見極めるのにベストな日。年齢やキャリアなど、常識や枠組みにとらわれず、内なる自分の声に耳を傾けてみて。やってみたかったけれど挑戦できていないことを実行に移してみましょう。

 反省のない態度は周囲の反感を買うので、謙虚に過ごしましょう。気まぐれで無責任な行動にも注意。周囲の声に耳を傾けず、無計画に動いて失敗したり、無駄なエネルギーを使ったりして疲れてしまうこともありそう。

ラッキーアイテム＆アクション

 Lucky color
アップルグリーン
みずみずしい青りんごのような緑で心身をリフレッシュ。

 Power Stone
ペリドット
新しい自分を見つけるパワーをアップさせてくれます。

Lucky goods & action
- グレープフルーツジュース
- イヤホーン
- 銀行口座を作る。

カードが示すメッセージ
Message

Keyword >>> 無垢の可能性

正
自由奔放／純粋／
天真爛漫／好奇心／
無邪気／恐れ知らず／
冒険

逆
無計画／気まぐれ／
無責任／信頼を失う／
思いつき／軽率／
無謀

	正	逆
現在／結果	枠にとらわれない行動／周りに振り回されないマイペース／新しい何かがスタート／予測不可能／心機一転／直感のままの行動	自己主張ばかりで周囲への配慮に欠ける／周りのペースを無視する／成り行き任せ／不安定な立場に置かれている／自分の考えを過信する
過去／原因	オリジナリティあふれる発想／理解を得られない突飛なアイディア／思いつきの行動／計画に具体性がない／自由奔放	非現実的な計画やアイディア／その場しのぎで一貫性のない対応／できもしないことを吹聴して周囲からあきられる／優柔不断
未来	新たな始まり／未知の可能性／先を恐れず夢に向かって前進あるのみ／些細な出来事がきっかけで運命が動く／今いる環境から旅立つ	無鉄砲な言動からの失敗／すべてがどっちつかずの状態／思いつきで行動するため失敗に終わる／しばらく先の見えない日々
アドバイス	型にはまらない行動／周りの目を気にしない思い切った行動／大胆な行動が吉／力を入れ過ぎずもっと気楽に	よく考えた行動／現状から目をそらさずにしっかりと向き合う／しっかりと責任感をもって行動しないと信頼を失う原因になる
恋愛	直感に従う恋／軽いノリでカップル成立／自由で楽しい恋愛／束縛しない関係	その場限りの遊びの恋／不倫や浮気の可能性／熱しやすく冷めやすい／長続きしない恋
仕事	自由に働ける仕事／独創的なアイディア／フリーランスで働く／直感がさえわたる時期	忍耐力不足／無気力で働く意欲が湧かない／無責任が招くトラブル／仕事に集中できない
対人	マイペースな行動／お互いに干渉し過ぎない気軽な関係／自由を尊重し合って信頼を得る	空気が読めない／自分勝手な言動でトラブル／周囲から浮いてしまう／大人げない発言
お金	突発的な出費／臨時収入／あればあるだけ使ってしまうが少ない金額でも満足	衝動買い／計画性のない出費／期待を大幅に下回る収入／ギャンブルや懸賞は失敗する

I

魔 術 師
THE MAGICIAN

THE MAGICIAN

知恵と工夫で新たなる創造を

若く自信に溢れた魔術師が、テーブルの4つの道具を使って、いざ新しいことを始めよう、自ら何かを創りあげようとポーズをとっています。振り上げた右手の杖は天を、下に向けた指は地を指し、天と地の間に存在していることを強く示しているようです。足元にはユリやバラ。このカードは確かな知識や高い技術力で、何かを生み出すことを象徴しています。準備が整い、今が実行の時だと知らせる時に現れるカードです。

カードに描かれたリーディングのヒント

4つの道具

机の棒（火）、杯（水）、剣（風）、金貨（地）は、世界を構成する四大元素。何かが始まる予感に満ちた描写です。小アルカナのスートとも重なります。

ポーズ

右手で天を、左手で血を指すポーズは、天上のエネルギーを地に下ろし、魔術師がその媒介者となって才能や可能性を発揮することを示しています。

右手の杖

魔法の杖は、力を増幅させ自由に操ることを示唆。杖や棒は道具にも武器にもなるもの。新たな創造には知恵と力が必要だということを意味します。

ユリとバラ

ユリの白は、高潔や知性、バラの赤は、情熱やエネルギー、欲望の象徴。この2つを統合させて新しいことを始める魔術師の創造性を表しています。

おみくじタロットで占う今日の運勢

 自分から積極的に行動を起こせば、より満足する結果が得られるでしょう。このカードが出たら「準備が整った」というサイン。カードが背中を押してくれると思って、保留していたことや長らく温めてきたことをスタートさせましょう。

 今日は無理に頑張らず、静かに情報収集や準備の時間に当てる時間に。アイディアが二転三転したり失言してしまったりと、自信を喪失しそうになるかもしれません。恋愛にも仕事にも積極的になれないので、周囲の意見に流されないように注意して。

ラッキーアイテム＆アクション

 Lucky color
マスタードイエロー

身につけるだけで気持ちも明るく、行動的になれます。

 Power Stone
ターコイズ

コミュニケーション力がアップし、人間関係が良好に。

Lucky goods & action

- 手作りのおにぎり
- リュックサック
- 朝食をしっかり食べる。

カードが示すメッセージ
Message

Keyword >>> 新たな始まり

正

知識／行動／ひらめき／
集中力／創造力／
才能が開花する／
コミュニケーション力

逆

優柔不断／不器用／
気弱／気力が足りない／
他力本願／
アイディア不足

	正	逆
現在／結果	準備が整っていてすぐにスタートできる／うまく立ち回れる／幸先のよいスタート／チャンスが到来／全力投球で取り組むべき	二転三転する発言／あらゆる面で不十分／失言によって信頼をなくす／周囲の賛同を得られない／立ち止まって考え直すべき
過去／原因	準備の時／十分な能力と技術を身につけ備える／新しいことをマスター／口だけで行動が伴わない／根拠のない自信／説明不足	準備不足／能力不足／いっぱいいっぱいになっている／すべてがうまく機能していない／自信を失う出来事／もっと別の方法がある
未来	新しいものを作り上げる／多方面に才能を発揮する／新たな展開／アイディアやひらめきに満ちている／率先した行動	勢いは最初だけですぐに失速してしまう／順調に進まない／新しいことに手を出してもすべて中途半端に終わる／お手上げ状態
アドバイス	先頭に立つことを恐れない／説得して相手の賛同を得る／口先だけではなくしっかりと行動する／自信をもつ／誰よりも先に一歩踏み出す	別のやり方を試すべき／強い意志をもつ／途中で放り出さない／諦める前に最後まであがく／人との関わりを恐れない／先を見越した計画
恋愛	恋が思うように進展する／さまざまなタイプからモテる／積極的なアプローチが吉	だまされる／相手の本心が見えない／都合よく利用される恋／相当な努力と忍耐が必要
仕事	新しい展開／思う存分才能を発揮できる／意欲的に取り組む／計画通りに仕事が進む	スランプ／実力不足／慣れからくる油断／「報連相」が不十分／転職を検討／無計画でスタート
対人	気の合う相手との出会い／何でも話せる親友／親密度アップ／ヘッドハンティングの可能性	感じの悪い対応／信頼していた相手からだまされる／利用し合う関係／相手への苦手意識
お金	臨時収入／計画的に貯金できる／収支のバランスがよくなる／欲しい物が格安で手に入る	アテにしていた収入が見込めない／予想外の大出費／無計画なお金の使い方／詐欺や盗難

II

女教皇
THE HIGH PRIESTESS

THE HIGH PRIESTESS

内なる声や直感を信じて行動を

タペストリーの前でベールをかぶり、鎮座する女教皇。頭飾りには月のモチーフ、胸には十字を下げ、手には「TORA」と呼ばれる旧約聖書の律法書。相対する2本の柱の間で書物を持ち、正面を見つめる姿は知性や頭脳明晰さ、分析力、清廉さ、理性を象徴しています。内なる声に耳を傾け、これまで我慢してきたこと、目を逸らしてきたことを探りましょう。精神性が高まるので、自分自身を見つめ直す時でもあります。

カードに描かれたリーディングのヒント

タペストリー	月	十字	2本の柱
男性性を意味するシュロと女性性のザクロが描かれたタペストリーは、十分な知識や英智を得た者だけがその先の世界を見ることができます。	女教皇の満月と三日月の冠は、エジプトの女神イシスの頭飾りを模したもの。足元にも月が。月は常に変化する自然のリズムや神秘性の象徴です。	胸の十字は女教皇が聖職につき、霊的かつ精神的な存在であることの象徴。4辺の長さが等しくバランスを取っている様が完璧さを物語ります。	ソロモン神殿に実在した「BOAZ(闇)」と「JACHIN(光)」を意味する2本の柱。2つの相反するものは、調和やバランスを表します。

おみくじタロットで占う今日の運勢

 頭がクリアになり、判断力や表現力がさえる日。これまでモヤモヤしていたことや前に進まなかったことも、急に解決する方法をひらめくかもしれません。仕事のトラブルや友達の相談にも、冷静で的確なアドバイスができそう。

 何かと孤独感を感じ、ネガティブモードに。周りがグズグズして見えたり、自分だけ理解されないと感じたりして、周囲との距離が。いつもは冷静に対応できることにも感情的になりやすいので要注意。外の音はシャットアウトして自分に集中しましょう。

ラッキーアイテム&アクション

 Lucky color
パープル

感情を抑える効果があり、心を落ち着かせてくれます。

 Power Stone
アメジスト

冷静な判断力と直感的なインスピレーションがさえます。

Lucky goods & action

- 豆料理
- スカーフ
- カフェタイムをとる。

カードが示すメッセージ
Message

Keyword >>> 圧倒的な知性

正

直感／頭脳明晰／
学問／神秘／
受動的／
白黒はっきりさせる

逆

冷淡／批判的／
閉鎖的／視野が狭い／
余裕のなさ／
完璧主義／ルール違反

	正	逆
現在／結果	真摯な態度で人に向き合う／夢や目標に向かって努力する時／思慮深い配慮によって好結果がもたらされる／何かを学ぶべき時	極端な考え方で周囲から浮く／きっちりし過ぎる／緊張感が漂いストレスフル／人との間に距離がある／先が見えずぼんやりとしている
過去／原因	気持ちを落ち着かせて問題と向き合う／じっくりと考える／正解を求め過ぎる／クール過ぎる対応／人を引きつけない雰囲気	神経質な言動で雰囲気を悪くする／融通が利かない／すぐにヒステリーを起こす／排他的・閉鎖的な態度／経験不足を隠している
未来	直感的に正しい判断ができる／重大なインスピレーションが浮かぶ／目標が見える／意外なタイミングで未来が啓示される	冷静さを失い取り乱す出来事／批判的な態度により周囲から孤立／ストレスがたまる／自分のことで精いっぱいになり周りを攻撃
アドバイス	誘惑に負けず理性をもって／基礎から学ぶことが大切／誰かにアドバイスを求めるのではなく答えは自分の中に／直感や第一印象を大切に	ストレス発散／感情をコントロールする／欠点も受け入れる／自制心を忘れない／情報をしっかりと吟味する／周りを攻撃する前に深呼吸
恋愛	プラトニック／慎ましやか／積極性に欠ける／なかなか発展しない関係／胸に秘めた想い	理想を追い過ぎて現実を見ない／神経質でわずかな欠点も許せない／すれ違いや誤解が多い
仕事	1つのことを極める／勤勉な態度／資格試験に合格、研究職などの専門職／仕事に打ち込める	準備不足／注意力散漫で仕事に集中できない／柔軟性に欠ける／スランプに陥る
対人	量より質／適度に距離を置く／静かで落ち着いた大人のつき合い／誠実な態度を常に心がける	ヒステリックな態度で孤立する／攻撃的な言動を繰り返す／心に余裕がない／協調性に欠ける
お金	収支のバランスがとれている／堅実な出費と計画的な貯金／けちにも浪費家にも偏らない	お金への執着が強くガツガツした印象／度を越したけち／削るべきではないところまで削る

III
女帝
THE EMPRESS

自然と宇宙を包み込む豊かな愛

中央の豪華な椅子でくつろぐのは、星を飾った冠をかぶり、右手に王笏を掲げ、ローブを着ている女帝。その周りには、実りの時期を迎えた金色の畑や、川などの豊穣な自然が描かれている。彼女は自然の恵みや愛、女帝という最高位も手に入れ、精神的にも経済的にも満ち足りた状態。このカードはこれまでの努力や頑張りが実を結び、相応の結果や幸せが手に入り、継続することを意味しています。

カードに描かれたリーディングのヒント

ローブと椅子

女帝が身に着けている豪華なローブや椅子は、豊かさや繁栄、安定の象徴。今の状況や自分自身を満足して受け入れていることを示しています。

星を飾った冠

12個の星は12星座を意味し、女帝が宇宙も含めたこの世界の母であることを示しています。女帝は自然界や宇宙を大きく包み込んでいるのです。

王笏

女帝が右手に掲げた王笏は、権威やプライドを表す王家の象徴。球体は地球であり、この世界が女帝の愛や慈悲に包まれていると解釈できます。

豊穣な自然

女帝は妊婦であるという解釈も。大地が植物を育て実をならせるように、人の生命も大地から授かり育つ自然のサイクルの一環であることを暗示。

おみくじタロットで占う今日の運勢

 人への対応が柔らかくなり、相手のミスも許せます。でも本当の優しさは、厳しさも伴うもの。ただ甘やかすのではなく、相手のことを考えた助言を心がけて。あなたのそんな凛とした優しさに、憧れをもつ人が増えます。

 今日1日、わがままを封印して謙虚な気持ちで過ごしましょう。仕事も友達も恋人も、いることを「当たり前」に感じてしまいそう。横柄な態度や感謝のない言動をすると、大切な人たちが離れていってしまうので注意しましょう。

ラッキーアイテム＆アクション

Lucky color
ベージュピンク

人に対して愛情や思いやりが生まれ、自然と心が穏やかに。

Power Stone
インカローズ

内に秘めた情熱的な魅力が引き出され、恋愛運アップ。

Lucky goods & action

- ハーブ料理
- アロマオイル
- 手料理をする。

カードが示すメッセージ
Message

Keyword >>> 豊かな満足感

正

母性／豊かさ／
妊娠／繁栄／
クリエイティブ／
リニューアル

逆

傲慢／怠惰／
強欲／快楽主義／
情緒不安定／過保護／
嫉妬／束縛

	正	逆
現在・結果	十分に満たされた心地よい状況／物心ともに余裕がある／充実した毎日／人に優しくなれる／自然体でいられる／魅力が高まっている	誰かに甘えている／流されやすくルーズな毎日／飽和状態／ダラダラとしたけじめのない状況／いたずらに時間が過ぎる
過去・原因	寛容で穏やかな態度で誰からも好かれる／見返りを求めず人に優しくなれる／愛や善意を利用されている／魅力や才能がトラブルを招く	自制心がなく誘惑に勝てない／「そのうち何とかなる」という他力本願な態度／浪費を繰り返す／適度なところでやめられない
未来	満足できる結果を得る／今の努力が実る／魅力が高まりモテ期到来／周囲の人と良好な関係を築ける／懸念事項もうまく乗り切れる	物事が予定通りに進まない／思いがけない妊娠／魅力の減少／誰からも愛されない／八方美人で信用をなくす／人から甘く見られる
アドバイス	どんな人にも優しく接する／もっと愛を言葉にするべき／気持ちに余裕をもってゆったりと構える／助け合いが肝心／相手を許す勇気	今は決断を避けて様子を見るべき／よく思われようとするより誠実な対応を／けじめをつけた生活／休息をとる／嫌なことはしっかりと断る
恋愛	恋が愛に変わる／相思相愛／愛情に満ちた充実した関係／思いやりで愛を育む／妊娠や出産	快楽主義／不倫／失恋／一方通行で独り善がりの愛／心の絆を強めることが大切
仕事	今まで積み上げてきたことが認められる／モチベーションがアップ／期待通りの結果	努力しても成果が出ない／集中力が続かない／見込みが甘い／今は無理せず慎重に
対人	思いやりのある関係／美的センスを発揮／お互いがプラスになる／和やかな雰囲気	八方美人でトラブル／時間にルーズな人／進展しない関係／わがままな発言でイメージダウン
お金	投資や財テクで成功／コツコツと貯金して目標達成／直感と情報をバランスよく／心のゆとり	見栄を張って散財／予想外の出費／株や投資で失敗／期待していた金額に達していない

皇帝
THE EMPEROR

困難をも乗り越えるリーダーシップ

真っ赤なローブを着て王笏を持ち、威厳ある表情で牡羊の飾りのある石の玉座に座る皇帝。強い意志と決断力で目標を達成していく情熱や権力を象徴しています。皇帝にまで上りつめるには、冷静な判断、周到な準備、時には無情にも見える決断も下したかもしれません。また、皇帝は父性の象徴。父的役割の人物との関係を見直す時期が来ているのかも。自分が父親の場合は、態度が高圧的にならないよう注意を促しています。

カードに描かれたリーディングのヒント

真っ赤なローブ

赤は、情熱や血潮の象徴。真っ赤なローブの下にはいかめしい甲冑を身につけており、戦となればすぐに駆けつける勇敢さも示しています。

王笏

皇帝が持つ杖は、上部が輪になったエジプト由来のアンク十字。生命と多産の象徴であり、男性・女性にかかわらず人のために働くことを意味します。

牡羊の飾り

牡羊座を支配する火星は、情熱やエネルギーの象徴。また牡羊座は12星座のトップバッター。リーダーシップや野心、実行力を意味します。

玉座

皇帝が腰かけているのは、硬い石でできた玉座。直線で構成された軟らかさを感じられない玉座は、直面すべき現実や物質的な考え方を表します。

おみくじタロットで占う今日の運勢

 新たなプロジェクトやリーダーなどを任されたら引き受けて。それは偶然ではなく、これまでの努力や日頃の勤勉さの結実です。せっかくのチャンスを逃さず強い気持ちで前向きに取り組めば、想像以上の結果がもたらされるでしょう。

 自分の力を過信した行動は、強引で自信過剰な印象を与えるので要注意。またワンマンタイプの人が身近にいる場合、思いがけぬとばっちりを受けるかもしれません。危険を察知したら、距離を保ちましょう。自分を守ることも大切。

ラッキーアイテム＆アクション

 Lucky color
ワインレッド

深みがある色みが信頼度を底上げ。情熱とエネルギーがアップ。

 Power Stone
サファイア

強い意志が備わり、仕事運と人脈づくりをサポート！

Lucky goods & action

- 抹茶テイストのスイーツ
- 腕時計
- 靴の汚れを落とす。

カードが示すメッセージ
Message

Keyword >>> パワフルな実行者

 正

地位／権力／
自信／安定／現実的／
忍耐／責任感が強い／
包容力

 逆

独断的／自信過剰／
強引／横暴／
パワハラ／高慢／
男性とのトラブル

	正	逆
現在／結果	リーダーシップを発揮して成功に導く／努力の結果が実を結ぶ／責任感が高まっている／実力を評価されている／欲しいものを自らつかみとる	実力不足で失敗／厳しい現実が立ちはだかる／努力が続かない／不安定な運気／目標を見失ってさまよっている／強引な行動を繰り返す
過去／原因	目標に意欲を燃やす／自信にあふれている／堂々とし過ぎ／隙がない／完成されていてその先がない／すべてを背負い過ぎている	自分勝手／ワンマン／人の意見を聞かない／無理な目標を立てて強引に進める／冷静さに欠ける／周りに対する配慮不足／勇気がない
未来	大きな成功を手に入れる／目標を達成する／責任のあるポジションにつく／一目置かれる／野心に火がつく／精神的にゆとりができる	想定外のアクシデント／ことごとく裏目に出て失敗／不完全燃焼／実力不足を指摘される／心に余裕がない／地位を追われる
アドバイス	常に堂々とした態度／何事にも前向きに取り組む／思い切りが大切／時には大胆な行動／困難にもくじけずに／継続は力なり	周りの意見をしっかりと聞く／率直過ぎる物言いは控える／目標達成に向けて冷静に考える時間をもつ／精神を安定させる／周りへの配慮
恋愛	積極的に思いを伝える／自分が中心になってデートの予定を立てる／ライバルに勝つ	理不尽で横暴な態度／自分勝手で一方的な愛の押しつけ／退屈で息が詰まりそうな関係
仕事	ハイレベルな目標を達成／成績や業績が右肩上がり／思うように実力を発揮／独立する	横暴な態度で周囲がついてこない／理不尽な要求をしてくる上司／解雇／過労でダウン
対人	強い意志と行動力で周りの信頼を得る／リーダーになる／お互いに高め合う関係	高圧的な態度／周囲から遠巻きにされる／反感を買う／頑固／誰もついてこない
お金	出世で収入がアップ／投資が成功する／強い金運／高価な物でも質の高い物を選ぶ	せっかくのチャンスを逃す／収入が減る／押すと引くの判断が難しい／常に慎重な判断が必要

教 皇
THE HIEROPHANT

深い愛に満ちた精神的よりどころ

教皇にのみ許された三重冠に三重十字の杖を持つ教皇が、二人の司祭に祝福を与えています。足元には金と銀の鍵が。現実世界を支配する［皇帝］に対し、教皇は精神世界に君臨。慈愛や道徳心、ルールなどの象徴です。不正や卑怯な行いを許さずに、暴く側になります。信頼する人を頼る、また相談をされるなど、今が心配事や悩みを人と共有するタイミングであることも示します。

カードに描かれたリーディングのヒント

冠と十字の杖
三重の冠と十字の杖は最高位である教皇にしか許されないアイテム。キリスト教において「3」は父と子と精霊の三位一体を示しています。

二人の司祭
左の人は情熱やエネルギーを象徴する赤いバラ、右の人は純粋を象徴する白いユリの服を着ています。物事に裏表があることを暗示しています。

祝福のサイン
教皇が右手で示しているのは祝福のサイン。足元にひざまずく司祭たちの真ん中に立ち、正しい道へ導く教えを説いています。

鍵
クロスさせた鍵は、神聖な場所への扉を開けるための重要な鍵で、聖職者のみ使うことができます。教皇が最高位の司祭であることも表しています。

おみくじタロットで占う今日の運勢

正 あなたを助けてくれる支援者や、信頼できるアドバイザーが現れるかもしれません。心配事や悩みは早い段階で相談すると、的確なアドバイスが得られるだけでなく、周囲との関係も良好に。視野を広くもつほど、よい情報が舞い込んできそう。

逆 これまで築き上げたものを失ってしまうかも。魔がさして不道徳なことをしたり、不誠実な態度で相手を困惑させたりしてしまう懸念も。一時的な快楽を求めるだけでは安らぎは得られません。気づいたら一人ぼっちになってしまわぬように注意。

ラッキーアイテム＆アクション

 Lucky color
朱赤
ほがらかさを印象づけ、社交力や人脈を引き寄せます。

 Power Stone
翡翠（ひすい）
努力が実り、目標を達成させるパワーをもたらします。

Lucky goods & action
- 根菜を使ったスープ
- ゾウのグッズ
- 神社仏閣めぐり

カードが示すメッセージ

Message

Keyword >>> 慈しみ導く者

正

伝統／結束／
モラル／誠実さ／
援助／寛大／
年長者からの助け

逆

反抗的／型破り／
無慈悲／視野が狭い／
不親切／
信頼を悪用する

	正	逆
現在／結果	誠実で礼儀正しい姿勢／秩序が保たれていて争いのない状態／良好な信頼関係／信頼や実績を積み上げる／信頼できる人からのアドバイス	人に対しておせっかいを繰り返す／不本意な状況／価値観の違いによるすれ違い／信頼を失う／今までの自分に対して自信がなくなる
過去／原因	周囲の人々から信頼される／盲目的に何かをリスペクトしている／人ともめることを恐れている／依存関係／常識に縛られている	口うるさい／過保護／相手を疑う／ルール違反やマナー違反な行動／偽善的な態度／価値観が違う相手を受け入れない／融通が利かない
未来	人から信頼される／大きな課題も乗り越えられる／親身になってくれる人が現れる／何事も順調に進んでいく／実績を認められる	相手に不信感を抱かれる／良識を失い道をはずれる／ハニートラップ／プライドが高くて周りと打ち解けない／周りから敬遠される
アドバイス	節度ある態度／しきたりや慣例を大事にする／信念を貫く／相手の信頼を得る／人助けをする／親しい相手にも礼儀正しく接すると◎	信じてきたものを疑ってみる／おいしい話には乗らない／多少は融通を利かせる／偽善的な態度は見抜かれていると思って行動／謙虚な態度
恋愛	尊敬の念からだんだん恋愛へ／紹介でのよい出会い／お見合い話／結婚につながる恋愛	公にはできない恋／不倫／周りからの賛同を得られない／やけになっての結婚／干渉し過ぎ
仕事	信頼できる人からの力添え／法律に関する資格を取得／理解のある上司／伝統を守る仕事	頑固な上司／私情を挟んで失敗／独り善がりのやり方で孤立／こだわりが強くて敬遠される
対人	尊敬できる師との出会い／思いやりのある言動／よき理解者が現れる／すべてを託せる関係	口うるさい相手／人に依存し過ぎる／おせっかいを焼いて嫌われる／甘やかし過ぎ
お金	堅実な投資や株の運用／危機を迎えても助けが来る／目先の利益より信頼や歴史を尊重	親切心が裏目に／考えの甘さに失敗／考えなく散財／助けてくれる人はいない／詐欺

恋 人
THE LOVERS

深い愛に裏打ちされた進むべき道

中央にエデンの園のアダムとイブが、その上には両手を広げて二人を見守る天使・ラファエルが描かれています。左右に2本の木、背後に赤い山、裸の二人は純粋さや開放感を示しており、二人の視線は恋人のみならず、夢中になれる趣味など情熱や愛情を傾ける対象の登場を示唆しています。愛は理屈ではなく感情が反応してしまうもの。「理性的になるよりも、今は心に従って」というメッセージなのかもしれません。

カードに描かれたリーディングのヒント

天使
二人を見守り、祝福しているのは癒しの天使である「ラファエル」。ラファエルはつらい経験をした人や傷ついた人を癒し、優しく包み込みます。

2本の木
右側は生命の木、左側はイブをそそのかす蛇と知恵の木。誘惑に負けず正しい選択をすることが、調和を守ることを表しています。

赤い山
天使に見守られた楽園の外には、そびえ立つ山が。二人が選び取る道によっては、困難や障壁が待ち受けていることを暗示しています。

視線
男性は女性を見つめ、女性は天使を見上げています。男性の現実的な思考に対する、女性の精神性や感性を示し、意識の違いを感じさせます。

おみくじタロットで占う今日の運勢

 今日の選択や決断は、理性ではなく心が動いたほうに決めましょう。趣味が仕事になるチャンスが訪れたり、友達との単なる食事がとても楽しかったり、気になる異性と話ができたりと、心が躍るような出来事が多い1日になりそう。

 大切な人を粗末に扱ってしまったり、誠意のない態度で傷つけてしまったりして、周囲の信頼を失ってしまいそう。また、いつもは気にもとめないようなたわごとや誘いが、今日のあなたには心地よく聞こえてしまうかも。理性を保って対応を。

☆ラッキーアイテム＆アクション

 Lucky color
マゼンタ
愛情を象徴する色。華やかさや女性らしさを高めてくれます。

 Power Stone
ローズクォーツ
恋愛運アップの強い味方。持つ人の魅力を引き出します。

Lucky goods & action
- パスタ
- レースの小物
- ヘアケアをする。

カードが示すメッセージ
Message

Keyword ››› 心が動く選択

正

ときめき／心地よさ／
相思相愛／好奇心／
気持ちを優先／
直感／幸せ

逆

心変わり／不誠実／
誘惑／気まぐれ／
不安／すれ違い／
未熟さ

	正	逆
現在／結果	価値観が近く自然と惹かれ合う／楽しい時期／自然体でも心地よい環境／大切な選択をすべき時／遊びをエンジョイできる／不安を感じない	優柔不断／物事を決められない／何をやっても報われない／大切なことがおろそかに／倦怠期／マンネリ／意見の相違／気持ちが散漫になる
過去／原因	直感がさえわたる／正しい答えが頭に浮かんでくる／無防備過ぎて危うい／先のことを考えない／実現できない計画／危機管理能力が低下	誘惑に弱くなる／周囲の状況に流される／意志薄弱／どちらも選べない／すべてにおいて気が抜けている／周りが見えていない
未来	誰かに恋をする／ワクワクするような発展性のある未来／協力者が現れる兆し／理解が深まって親密さが増す／心配事がなくなる	後先考えない行動で後悔／集中力が下がってミスを連発／心変わり／意地悪な相手やずる賢いタイプに目をつけられる／裏切りにあう
アドバイス	小細工せずに自然体で接する／自分のひらめきを大切に／隠し事をしない／人目を気にしない／目の前の出来事を楽しむ／気分転換も大切	客観的に自分を見る／今ある幸せに目を向ける／節度をわきまえる／話し合って互いを理解する／一度決めたら貫く／欲望のコントロール
恋愛	新しい恋／ときめくような恋／一目ぼれ／夢見心地の恋／熱烈な告白／相性ピッタリな関係	曖昧な関係／浮気／遊びの恋／不信感を覚える／ライバルの出現／勢いで突っ走って失敗
仕事	長いつき合いになる相手や仕事／得意分野が増える／楽しく集中できる環境／転職のチャンス	集中できずミスを連発／不向きな仕事／転職や方向転換は失敗／チームメイトに恵まれない
対人	うれしい再会／信頼関係や絆が強まる／環境が変わっても変わらないつき合い／協調精神が大切	裏切られる／よくない仲間からの誘い／価値観や感覚にズレ／非協力的な態度をとられる
お金	趣味が収入につながる／直感が大当たりして得する／投資でよい選択ができる／正しい判断	選択を誤る／買い物で浪費／計画が立てられない／誘惑に負けて後悔／株や投資で損をする

1章　大アルカナ22枚の解説　VI 恋人

戦 車
THE CHARIOT

目的達成のために前進あるのみ

冠をかぶった若者が天蓋つきの戦車に乗り、白黒のスフィンクスを二頭立てにして勇ましく進んできています。城と川を背後にし、困難をもなぎ倒す勢いがあります。月の肩当てのある甲冑を着た若者の精悍な顔立ちからは、目的に向かって迷いなく前進していく気概も感じられます。[戦車] は目標達成、前進、栄光などを象徴しており、同時に対局にあるものを上手に舵取りする重要性も示しています。

カードに描かれたリーディングのヒント

天蓋つきの戦車
星が描かれている戦車は宇宙など地球外のものを意味し、若者が宇宙のエネルギーをも味方につけて前進していくことを暗示しています。

白黒のスフィンクス
陰陽、理性と本能など、相反するものの象徴とされるスフィンクス。手綱はついておらず、若者は統率力と精神力で2匹を制御しています。

城と川
城や川が背後に描かれていることから、故郷から出てきた強い意志や、戻らない覚悟、「背水の陣」における意気込みが感じられます。

月の肩当て
若者の甲冑の肩当ては、三日月と顔をかたどったもの。左右の顔の表情が異なっていることから、二元性や若者の葛藤も読み取れます。

おみくじタロットで占う今日の運勢

正
不思議とやりたいことや仕事が前進するラッキーデー。「挑戦こそが成功の道」と考え、何事も前向きに取り組むことがカギ。ポジティブシンキングで外野の声も気になりません。反対意見も上手に取り入れて、適切な判断が下せるでしょう。

逆
今日1日は、大事な決断や断言をしないほうが賢明。余計な動きをすると、部下や友人、家族など自分以外の人のトラブルに巻き込まれそう。短気を起こして腹を立てたり、思いつきでアドバイスしたりすると負のスパイラルに陥り逆効果。

ラッキーアイテム&アクション

Lucky color
モスグリーン
想像力・集中力がアップし、勉強や仕事の効率が上がります。

Power Stone
タンザナイト
思考がクリアになり、問題解決など進む方向が見えてきます。

Lucky goods & action
- マリネや酢の物
- スニーカー
- ライブに行く。

カードが示すメッセージ

Message

Keyword >>> バランスをとって進む

目標を成し遂げる／
勇気／
努力に見合う結果／
統率力／チャンス

衝動／暴走／
コントロール不能／
トラブル／空回り／
エネルギー浪費

	正	逆
現在／結果	勢いがある状態／障害を乗り越えるパワーがある／困難な状況に燃える／やる気に満ちている／事態が好転する／自分と戦う時	後先考えず見切り発車／思い込みが激しく暴走／恐怖心から二の足を踏んで後悔／少しうまくいかないだけですぐにやる気が失せる
過去／原因	一直線に突き進む／進展を急ぎ過ぎ／好戦的な態度で無用なトラブル／大きな改革をせまられている／負けるはずがないという絶対的な自信	無謀な計画や願望／大事な選択を先送り／きちんとした計画ないまま始める／周りを顧みない身勝手な態度／ショックを受けて取り乱す
未来	波に乗って成功する／逆境が味方に／目標達成／新たな分野の開拓／ここでの経験で鍛えられる／スピーディーな展開	衝動的な行動を重ねた末に失敗／意見が合わず激しく衝突／苦しい立場に追い込まれる／危険な賭け／何かを中断せざるを得ない／負け戦
アドバイス	一度手をつけたら一気に進める／立ち止まらずにスピード感をもって取り組む／自分を信じて突き進む／陰ながらの努力／リーダーになる	計画を見直す／無理に進めず一度立ち止まって進路変更／勝ち負けより先にある成功を見越した行動／将来を見据えた判断／気持ちを抑制
恋愛	恋が一気に進展／積極的なアプローチが吉／ライバルに勝って相手と急接近／障害に打ち勝つ	すれ違いばかり／ライバルに先を越される／弱気になってチャンスを逃す／傷つけ合う関係
仕事	フットワークの軽さでチャンスをつかむ／仕事に全力投球／素早い判断が功をなす／効率上昇	軽率な発言で失敗／自己中心的な態度／企画倒れ／分岐点に立つ／ライバルに出し抜かれる
対人	リーダーシップをとる／難しい人間関係が解消／思ったことをストレートに伝えると吉	気が合わない相手にストレス／自己中心的な態度に振り回される／チームワークがとれない
お金	具体的な目標を立てて貯金成功／短期間で儲ける／事業が早々と軌道に乗り大きな収益	散財／衝動買い／賭けや投資の失敗などで大損害／慎重で堅実な姿勢が必要

VIII

力

THE STRENGTH

愛情や理解がもたらす強さ

獰猛なはずのライオンをおとなしくさせ、飼い慣らしているようにも見える白い服の若い女性。頭上に無限を意味するレムニスカートが描かれた女性とライオンは花の鎖でつながれ、お互い見つめ合っています。真の力とはパワーや権力で相手を屈服させるのではなく、愛情や根気強さ、対話や誠意で相手を理解する姿勢、優しい気持ち。このカードは本来の力や強さとは何かを表しているように見えます。

カードに描かれたリーディングのヒント

ライオン
赤いライオンは、心に秘めた激しい感情や野生の本能、プライドを示しています。本心（ライオン）を上手にコントロールする女性という解釈も。

白い服
白い服は、彼女の精神性の高さや純真無垢な心、正直さ、清廉さの象徴。柔らかなドレープが女性らしさや包容力、愛情を表しています。

レムニスカート
女性の頭上にある8の字のマークは、無限大を意味する数字記号「レムニスカート」。無限の可能性があることを表しています。

花の鎖
女性とライオンをつなぐのが美しい花の鎖。力や強制ではなく彼らが精神的につながっている様子から、心のつながりや、絆を暗示しています。

おみくじタロットで占う今日の運勢

 正　突発的なトラブルや困難な状況に直面しても、落ち着いて対処できるでしょう。何をすべきか誰を頼ればいいか、ふと頭に浮かんだものが、その答え。優しさ、根気、誠意を心がけて真摯に対応することで、現状が打破できます。

 逆　物事を途中で投げ出したくなったら、一度目を閉じて深呼吸をしてみましょう。体力不足やストレス疲れから、短絡的で軽はずみな行動に出やすくなるので、自分で気持ちをコントロールできていると思うことで、心を落ち着けることが大事。

ラッキーアイテム＆アクション

 Lucky color
マロンブラウン
赤みが強い茶色は、粘り強さの中に芯の強さも備わります。

 Power Stone
レピドライト
変革のパワーをもつ石。希望に向かう道へ導いてくれます。

Lucky goods & action
- 牛肉の煮込み
- 馬蹄形のアクセサリー
- トレーニングジム

Keyword >>> しなやかな強さ

  正

努力／克服／
固い絆／
ピンチをチャンスに／
信頼関係／強い意志

  逆

諦め／怠惰／
逃げ出す／邪念／
意志の弱さ／
実力不足／媚び／手抜き

1章　大アルカナ22枚の解説　VIII　力

	正	逆
現在／結果	粘り強さを発揮して少しずつ進めていく／根気よく見守り育てていく／正念場／慎重かつ賢い行動が必要／敵と和解できるチャンス	情緒不安定／運の流れが衰退／すぐに諦めてしまう／何かを断念せざるを得ない／努力不足／投げやりな気分／すぐにやる気がなくなる
過去／原因	勇気を出して立ち向かう／高いハードルに挑んでいる／自ら苦労を背負う／力加減を誤る／ストレスの蓄積／想像以上に手ごわい	実力不足の自覚がないまま計画する／自分の弱さに負ける／精神と肉体のパワー不足／相手を利用しようとすることを見抜かれる
未来	強い精神力によって得られる成果／緊張感のある状況を乗り越える／努力が報われる／仲間が協力してくれる／欠点や弱さの克服	進めていた計画が途中で終わってしまう／自分の弱さに負ける／熱が冷める／気を抜いた途端にミス／なれなれしい態度が裏目に出る
アドバイス	どんなにつらくてもここで諦めない／相手に寄り添う／邪心や下心を捨てて無心で取り組む／しっかりと作戦を練る／ピンチはチャンス	強がりはやめて人を頼る／優しい言葉遣いを心がける／自分を信じて勇気を出す／後悔をしないように全力投球／気持ちが冷めているなら諦める
恋愛	時間をかけて実る恋／固い絆で結ばれている関係／大恋愛に発展／諦めなければ実る恋	発展が遅い／強引にアプローチして失敗／すれ違い／正しい判断ができない／自分を信じられない
仕事	強い信念をもって仕事に向き合う／必ずやり遂げる／着々と実力を身につける／努力を積み重ねる	急いで失敗／根気不足でうまくいかない／自信を無くす経験／肝心な時に実力を発揮できない
対人	信頼関係が深まる／協力し合える／時間をかけて関係を育てる／仲間のために危険に飛び込む	周りの目が気になってしまう／自信がもてない／自己中心的で独り善がり／協力できない
お金	積立貯金や定期預金などで成功する／無駄遣いをやめる／損して得取れの精神がうまくいく	へそくりや財産に手をつけてしまう／計算外の出費／節約の効果がない／気が大きくなって散財

IX

隠 者
THE HERMIT

未知の自分に会うための内なる旅

マントに身を包み、氷山の頂で杖を持ち、ランプを掲げる老人。真理の探究のために、彼はあえて俗世間と距離を置いて孤高の生き方を選んでいます。[隠者]はじっくりと自分に向き合い、内なる声に耳を傾けるタイミングであることを示すカード。人との交流や情報収集をひとまず休んでも、孤独を感じる必要はありません。心に蓄積された知恵や経験やひらめきが道を示してくれるでしょう。

カードに描かれたリーディングのヒント

マント

分厚いマントで外界から自分を遮断し静寂を守ることで、自分が得た英知や悟りを守っています。精神的な世界に没頭することを示しています。

氷山の頂

氷山の頂に立つ賢者は高い精神性を保ち、あたかも悟りの境地を開いたかのようです。ここまでの道のりの険しさも示しています。

杖とランプ

杖は強い意志や積み重なった知識を図示。右手に持つランプの中には真理へと人々を導く六芒星の光。迷える人々の道標にと掲げているようです。

老人

白ひげをたくわえた老人は、熟考を重ねて本質を見極め、精神的な成長を遂げることを示します。意固地で偏屈にならないようにという警告の意味も。

おみくじタロットで占う今日の運勢

正 自分の気持ちに従って行動してみましょう。人に合わせるのではなく、以前から行きたかった場所、観たかった映画、読みたかった本など、お誘いや賑やかな場所から離れて静かに過ごすことで、意外な気づきがあるかもしれません。

逆 今日はポジティブな気持ちをキープすることが大事。人に囲まれる場所に行っても、孤独を感じたり、理解されていないと感じてしまったりなど、周囲に心を開けず、こだわりが強くなってしまいがちに。何事も深く考えないことが得策です。

ラッキーアイテム＆アクション

Lucky color
コバルトブルー

深く澄んだ青色。物事の本質を見ながら慎重に進めたい時に◎。

Power Stone
プレナイト

真実を見抜き、人のうそや偽りを見極める力が備わります。

Lucky goods & action

- エビ料理
- キャンドル
- 一人旅をする。

カードが示すメッセージ

Message

Keyword >>> 深くて静かな思索

  正

思慮深さ／孤高
探究心／熟考／
自分と向き合う／
内面を見つめる

  逆

頑固／偏屈／
こだわり／心を閉ざす／
閉鎖的／孤立／
疑心暗鬼

	正	逆
現在／結果	納得いくまで思考を巡らせる／現状維持の運気／孤独な環境で精神的な成長を遂げる／人との交流を控える／自分の考えをまとめる	殻に閉じこもる／過去の自分と向き合う／思い出に浸る／深読みし過ぎ／細かいことにこだわって物事が停滞する／世間から隔離される
過去／原因	心理を追い求めて研究する／こだわりが強い／知識や経験を生かし切れていない／人を寄せつけない雰囲気／向かう方向性が違う／考え過ぎ	考え方が間違っている／誤解したまま進んでいる／自分の世界に酔う／自分の好きなものを美化し過ぎる／現実逃避／人の受け売りばかり
未来	穏やかな日々が続く／人が気づかない点に気づく／次のステップに進むきっかけが見つかる／進むべき道がわかる／自分探しの旅に出る	現実を直視できない／自分の殻から出るタイミングを逃す／素直になれない／卑屈になる／独り善がりで見当違いの結論を導き出す
アドバイス	時間をかけて取り組む／穏やかに淡々と進めるべき／自分なりの視点を大切に／答えは自分の中にある／行動に移す前に考えを巡らせる	他人に助けを求めず自力ではい上がる／諦めることも必要／俯瞰した視点からの熟考／冷静になって物事を考え直す
恋愛	何年も胸に秘めた片思い／お互いを尊重し合う関係／プラトニック／控えめな態度が吉	慎重になり過ぎる／妄想の恋／必要以上に相手に干渉して険悪な雰囲気に／疑いをもつ
仕事	自分のペースを乱さずに取り組む／専門職や研究職に縁がある／いいアイディアが浮かぶ	こだわりが強くアドバイスを無視／的はずれな言動で孤立／間違った努力／全体を把握できない
対人	精神的なつながりが強い仲間／相手を立てて信頼を高める／疎遠になっていた仲間との再会	自分の陰口や悪口が聞こえてくる／他人の粗ばかり探して敬遠される／気難しい態度で孤立
お金	ひそかに貯金／欲しかった物が手に入る／無駄を省く／お金が入ってきたことを秘密にする	貯蓄が増えない／へそくりがばれる／小さいことにこだわって大金を失う／見栄を張って散財

X

運命の輪
WHEEL OF FORTUNE

WHEEL OF FORTUNE

時は止まらず常に変化する

天空に浮かぶのは、文字が書かれた大きな輪。四隅には聖書の福音書を開いた四つの聖獣がそれを見守っています。輪の上にはスフィンクス、左には下降するヘビ、右には上昇するオオカミがいて、この3つはすべて神。[運命の輪]は人の意志や思いとは関係なく運命が回っていくこと、輪廻転生や栄枯盛衰を象徴するカード。よい時も悪い時も絶え間なく時は流れ、それは大いなる力に見守られていることも示しているのです。

カードに描かれたリーディングのヒント

輪の文字
TARO（タロット）とも、TORA（律法書）とも、ROTA（ラテン語で車輪）とも読み取れます。この世界全体を包括して示しています。

大きな輪
中央の輪は、永遠に回転し続ける運命や命、時の流れを表します。悪い時も永遠には続かず、また幸せや富も過ぎ去るものだと教えてくれています。

四つの聖獣
獅子・人・ワシ・牡牛は、旧約聖書の預言者エゼキエルの夢に登場した生き物。この世を形作る四大元素「火・風・水・地」を象徴しています。

3つの神
スフィンクス、ヘビのセト神、オオカミのアヌビス神など、エジプトの神々が描かれています。生と死、復活を連想させ、輪廻転生という解釈も。

おみくじタロットで占う今日の運勢

 諦めていた願いがかなったり、停滞していた事柄が進展したり、周囲の空気に動きが出しそう。そんな予兆が少しでも見えたらチャンス！ タイミングを逃さず思い切って波に乗りましょう。今日を逃したら次の波はいつ訪れるかわかりません。

 ちぐはぐな1日になってしまいそう。でも落ち込まないで。長い人生、こんなこともあります。空気が読めずに場違いな発言をしたり、早とちりで人に迷惑をかけたりしてしまっても、今はすべきことに集中して取り組みましょう。

ラッキーアイテム＆アクション

Lucky color
エメラルドグリーン

始まりや再生を表す色。心を落ち着かせ心身が整います。

Power Stone
アイリス

人生の転機にある時に、よい流れを後押ししてくれます。

Lucky goods & action
- サンドイッチ
- 革の財布
- 登山やトレッキング

カードが示すメッセージ
Message

Keyword ››› 転機の訪れ

正

運命／幸運／
変化／パワフル／
好機／展開／
成功／チャンス到来

逆

停滞／悪化／
アクシデント／
すれ違い／逆戻り／
タイミングが悪い

	正	逆
現在・結果	物事がどんどんいい方向に進む／チャンスやツキに恵まれる／偶然の幸運が重なる／ターニングポイントに立つ／直感的に正解がわかる	同じことを繰り返して何も進まない／すべてが空回る／不安定で何が起こるかわからない／運勢が急激に降下／タイミングが悪い
過去・原因	舞い込んでくる幸運に期待し過ぎ／流れに身を任せ過ぎて努力を怠っている／自然の流れにあらがっている／タイミングを逃す	答えにたどり着けない／裏目に出ていることに気づかない／すべてを自分でコントロールしようとする／変化を恐れている／不運が続く
未来	運勢がピークを迎える／すべてがうまくいく／正しい答えを選ぶことができる／実力以上の力が発揮できる／ステップアップできる	予想外の展開で不利な状況に／手がけてきたことがことごとく失敗／不可抗力な悪条件が重なる／逃れられない災難にあう／チャンスを逃す
アドバイス	自分の直感が反応した答えが正解／考え込んだりしないでチャンスをつかむ／思い切って前進するべき／自分を信じる気持ちを大切に	油断は禁物／最後まで緊張感をもって取り組む／必要以上に悲観的にならない／今できるベストを尽くす／冷静な対応を心がける
恋愛	運命的な出会い／告白やプロポーズに最適な時／一目ぼれ／出会いからとんとん拍子に進展	出会いに恵まれない／倦怠期／価値観が合わない／別れ／失恋／多くの障害が立ちはだかる
仕事	思いがけないチャンスが舞い込む／努力以上の結果／臨機応変に思い切った判断をする／昇進	自分には向かない仕事を任される／状況に恵まれない／転職や就職活動がうまくいかない
対人	充実した人間関係／協力し合って目標を達成／因縁や腐れ縁が解消／憧れの人と縁	何となくうまくいかない／親しい人との離別／いつの間にか孤立する／時間をかけて仲直り
お金	予想外の高額収入／直感がさえわたってタイミングのいい判断ができる／臨時収入がある	金運が不安定／入金の遅延／予定外の出費が重なる／欲しかった商品を逃す／貯金できない

正 義
JUSTICE

バランスのとれた尊いジャッジ

2本の柱の中央にいるのは、右手に剣を高く掲げ、左手に天秤を持った法の女神。自信に満ちた表情からは、この世の秩序を守る威厳やプライドが伝わってきます。背後のタペストリーの奥に広がるのは、常人には伺い知れない正義や英知の世界。[正義]は、良心に従い公正に判断を下す時が来たことを示すカード。感情や主観は一度横に置いて、今はルールや常識の助けを借りましょう。

カードに描かれたリーディングのヒント

2本の柱
[女教皇][教皇]にも登場した2本の柱は、善悪や陰陽など相対するものの象徴。双方を理解しながら偏りのない判断を下すことを示しています。

剣と天秤
剣は知恵や力、懲罰の象徴。天秤は平等や均衡を意味します。法の女神をもってしても善悪を判断し罰を与えるのは難しいことを表しています。

法の女神
女神は、法を司るテミス（ユースティティア）、または正義の女神アストレイアがモデル。見た目に左右されない公正さを象徴しています。

タペストリー
タペストリーの向こうには別の世界が広がっているのかも。表には現れない本質的な原因や無意識の行いなどが隠れていることを教えてくれます。

おみくじタロットで占う今日の運勢

 今日は直感や気分で判断しないほうが賢明。メンバーを決める、評価を下すなど、何らかの選択や決断を求められたら、信頼できる情報を集めて、公平かつ冷静なジャッジを下しましょう。後悔のないよう慎重に行動を。

 友人や恋人への自分の態度や言動を、振り返ってみましょう。自分にとって居心地のよい相手は不満がたまっているかもしれません。大切な相手なら尚更。いつもそばにいてくれることへの感謝を、言葉にして伝えてみましょう。

ラッキーアイテム＆アクション

 Lucky color
ネイビーブルー
直感や洞察力が高まり、物事の深層をとらえる力が宿ります。

 Power Stone
カーネリアン
冷静かつ的確な判断力が備わり正しい方向に導いてくれます。

Lucky goods & action
- コーヒー
- めがね
- 資産運用や預貯金

カードが示すメッセージ
Message

Keyword >>> **冷静で公正な決断**

バランス／人間関係／
モラル／判断力／
注意深い／勇気／
平等

不公平／感情的／
曖昧／公私混同／
矛盾／不正な行為／
不透明

	正	逆
現在／結果	感情を抑えて事実のみが考慮される／中立的な立場や考え方／運だけでは評価されない／不正は裁かれる／問題点の根本的な原因がわかる	中立的な判断ができない／バランスが悪い／不平等な扱い／なかなか結論が出ない／過去の不正を過剰に非難される／常識が通用しない／必要悪
過去／原因	正義感に恥じない行動／正しいかどうかだけを基準に判断を下す／相手の心中を察せない／厳格すぎて周囲に敬遠される	不正を働く／虫のいい考え方／愚痴や不満ばかりで行動に移さない／独断行動／歪んだ思想に傾倒する／非常識な言動／事実を誤認している
未来	公平な評価が下される／一気に解決へ向かう／過去の行いの恩恵を受ける／自分が正しいと思ったことを貫く／合理的な解決策が見つかる	正しくない決断が下される／理不尽な事態／権利を侵害される／不公正が原因でのトラブル／過去のズルや不正のツケを払う／一方的な搾取
アドバイス	感情で判断せず事実関係を見る／納得せざるを得ない結論が出たら素直に従う／冷静に論理を組み立てて説明する／モラルに反する行動はしない	都合のいい考え方をやめる／窮地に立たされる前に逃げる／正しいと思えない事柄には近づかない／慎重に状況を把握する／感情的にならない
恋愛	平等でバランスのとれた関係／周囲からも認められるカップル／落ち着いた穏やかな関係	一方的な恋／報われない／性格の不一致や考え方の違いから亀裂が広がる／元恋人関係のトラブル
仕事	正当な評価を受ける／プライベートとの両立／誠実な態度で信用を得る／安定した業績を保つ	不当な報酬と待遇／えこひいき／業績の浮き沈みが激しく安定しない／言い訳をして株が下がる
対人	協力し合える関係／ギブアンドテイク／衝突しても話し合って和解／いい関係を保てる	不公平な扱い／足を引っ張られる／八方美人な態度をとって孤立／強引に正当性を主張される
お金	収支のバランスがとれている／働きに見合った報酬／公平な配分／質のよさにこだわると吉	娯楽への出費が増大して家計を圧迫／詐欺や搾取／理不尽な不利益／一獲千金を夢見て失敗

吊るされた男

THE HANGED MAN

困難を受け入れた先の明るい未来

葉の繁る木に両手を縛られ、片足を逆さにしてタウ十字に吊るされる男性。赤と青の服を着て、なぜか表情は明るく後光さえ差しています。まるで「今は試練の時」と、この受難を甘んじて受け入れているかのようにも見えます。インパクトのある図柄ですが、困難を乗り越えた先の明るい光を示唆するカードです。視点を変える、固定された価値観を疑うといった、発想の転換の意味も込められています。

カードに描かれたリーディングのヒント

葉の繁る木

若葉が繁った木は生命力や再生、希望の象徴。試練が過ぎれば明るい未来が待っていることや、将来に向けて成長していくことを表しています。

タウ十字

男性が吊るされているのは、最も古い十字の一つである「タウ十字」。真実・善に向かう心を意味し、天と地、神と人の合流の象徴ともいわれます。

青と赤の服

高い精神性や理性を示す青と、情熱や強いエネルギーを示す赤。相反する性質や矛盾、葛藤を受け入れることで、何かを手に入れることを暗示。

表情と後光

過酷な状況でも男性は悲観しておらず、むしろ明るく輝くような表情です。顔の近くに差す後光は、彼が悟りを得た表れという解釈も。

おみくじタロットで占う今日の運勢

 気持ちを切り替えれば、新たな道が開ける予感。順調だったことが小休止を余儀なくされたり、邪魔が入って行く手を阻まれたり、スムーズに進まないことがあるかも。そんな時は視点を変えるきっかけになったと前向きにとらえて。

 自暴自棄にならず、静かに嵐が過ぎるのを待つのが賢明。今日は、解決の道筋が見えないつらい状況に追い込まれやすい日。四面楚歌の状態に陥りやすくなりますが、この機会に一度足元を固めましょう。

ラッキーアイテム＆アクション

 Lucky color
グレージュ

上品で柔らかな色合いが、穏やかで人当たりのよい印象に。

 Power Stone
ブルーカルセドニー

孤独感を癒やし、ぎくしゃくした人間関係を修復します。

Lucky goods & action
- 豆腐料理
- 観葉植物
- サウナや岩盤浴

カードが示すメッセージ
Message

Keyword >>> 未来のある試練

正

試練／修行／
自ら進んで犠牲になる／
身動きできない／
発想の転換

逆

苦痛／消耗／骨折り損／
報われない努力／
状況悪化／
受け入れ難い現実

	正	逆
現在／結果	ひたすら耐え忍ぶ／どうしようもない状況／身動きがとれない／困難な状況を受け入れる／非力さを実感させられる／試練の時	努力や頑張りが報われない／必死に抵抗してもどうにもならない／苦しみから逃れようとして逆にもがき苦しむ／見せしめにされる
過去／原因	現実を受け止め自分と向き合う時期／精神的にも肉体的にも限界／現実を拒絶して思考が停止している／犠牲になる／受け身な態度	物事を間違ってとらえている／悪あがきをしている／周りを顧みず自己中心的になっている／腹をくくれていない／覚悟が決まらない
未来	人のサポートに回る／我慢を強いられる／たくさん悩んだ末に新しい自分が／試練を乗り越えて得られる希望通りの結果／克服する	状況が悪化する／見て見ぬ振りをしても自分に災難が降ってくる／焦りや不安から間違った行動をする／大切なものを失う／爆発する
アドバイス	一度すべてを受け入れて／時が過ぎるのを待つ／視点を変えてみると打開策が／他人の利益のために己を捧げる／充電期間と考えて力を蓄える	悪あがきはしない／自分の無力さを受け入れると楽になれる／何がいけないのかよく考える／ベストを尽くす／頑張った経験が自信につながる
恋愛	出会いがない／進展がない／相手に尽くす恋／試練を乗り越える／報われなくても想い続ける	結果的に後悔するような恋／尽くしても報われない／乗り越えられない壁／自己中心的な恋心
仕事	不屈の精神が必要／苦しくても辛抱強く続けていれば報われる／長い下積みの末に成功する	苦境に立たされる／八方ふさがりで身動きがとれない／耐えても未来は開けない／無駄な努力
対人	急がず徐々に距離を詰めていく／なかなか友情が育たない／友達のことで身動きがとれない	意味のない忍耐／相手の犠牲になる／無理につき合う必要はなし／徐々にフェードアウトが吉
お金	完璧な管理は難しい／一時的にピンチに陥るがあとで回復／コツコツ貯金する／予定外の出費	ギリギリの経営／思ったような収入が見込めない／思い切った判断が裏目に／節約の効果なし

XIII

死 神
DEATH

「終わり」がなければ、始まりもない

白馬に乗った骸骨の騎士が鎧をまとい、白いバラが描かれた旗を掲げています。騎士の前には祈りを捧げる教皇、目を背ける少女と騎士を見つめる子ども、足元には王が横たわっています。背景には、太陽と川と船。「死神」は死の予告ではなく、何かが終わることや、新たな局面へ向かうことを象徴するカード。同時に死は誰にも平等に訪れ、避けられないことも示しています。不吉な印象だけにとらわれないことが大切です。

カードに描かれたリーディングのヒント

白馬と白いバラ

白い馬は聖なるエネルギーを、白いバラは生と死の神秘を象徴。黒い鎧との対比として描かれ、終わりと始まりの二元性を示しています。

骸骨の騎士

いかに富や名声を得ても、死は誰にも平等に訪れ、避けられないもの。横たわる王の亡骸や祈る教皇の姿がそれを表しています。

太陽

昇る朝日か、沈む夕日かの両方の解釈が考えられます。太陽が昇り日没を迎えるサイクルは、終わりと再生を意味しています。

川と船

川は、新たな始まりや変化の象徴。騎士の下に描かれた帆船は魂を運ぶ船で、川を上り塔の向こうの新たな世界に向かうことを表しています。

おみくじタロットで占う今日の運勢

 過去との決別も必要な節目と思うことが大事。うまくいけば、これまで以上の結果が手に入ります。今までのやり方を見直してリスタートする、古い慣習を刷新するなどは、多少のつらさや痛みを伴うかもしれませんが、怖がらずに受け止めて。

 今を脱したいなら、思い切って新しいことに挑戦しましょう。頭では理解しているのに、次の一歩が踏み出せない状況が続きます。追い込まれた時ほど、なかなか新しい展開への覚悟が決まらないかもしれませんが、勇気を出して。

＼ ‖ ／
ラッキーアイテム＆アクション

 Lucky color
瑠璃色

七宝に由来する神聖な色。邪気を払い、身を守ってくれます。

 Power Stone
モリオン

最強の厄除け石。高い浄化力をもち邪気を払ってくれます。

Lucky goods & action
- ヨーグルト
- バスソルト
- 冷蔵庫を整理する。

カードが示すメッセージ
Message

Keyword >>> 再生につながる終了

正

再生／復活／
変化／旅立ち／
生まれ変わり／
未練／終わり／断念

逆

迷い／執着／
頑固／
変化を受け入れられない／
踏ん切りがつかない

	正	逆
現在／結果	人生の転機となるタイミング／何かが終わりを迎える／過去を振り切り再出発する／変化を受け入れて新しい考えに／次のステージへ	変化についていけない／なかなか決心がつかない／過去や現状に執着している／終わりを引き延ばそうとする／覚悟ができていない
過去／原因	執着を手放す／1つのことが終わる／突然のことで準備ができていない／極端で中間がない／世の摂理／明確な理由はない	過去に縛られている／大きなストレスを抱えている／トラウマがよみがえる／状況をまともに見られない／前に進めない／大きなショック
未来	生まれ変わって再スタート／関係が強制的にリセットされる／生活が大きく変わる／新たなチャンスやアイディアが降ってくる／やり直しが可能に	進むことも戻ることもできない／やり方を変えられない／現状を認められない／諦めざるを得ない状況／一度失敗したことに新たな展開
アドバイス	思い切って過去を振り切る／リセットする勇気も大切／白紙に戻してやり直す／新しく始めることで新しいものを生み出せる	勇気を出してあと一歩を踏み出す／未練を断ち切る／引き際が大切／殻を脱ぎ捨てて新しい自分に／タイミングを逃さない
恋愛	関係を揺るがす出来事／すれ違いが多発／失恋や心変わり／別れた後に出会いが訪れる	状況が急展開／偶然の再会や突然の別れ／つらい毎日が続く／なかなか区切りをつけられない
仕事	計画や契約が白紙に／転職や退職／試験で失敗／進め方に行き詰まる／心機一転再出発	業績不振が続く／決断ができず同じことを繰り返す／本当にやりたいことについて考えるべき
対人	相手との関係に変化が訪れる／つき合い方を見直す／必要以上に相手を追いかけない	友人に対する見方が変わる／居心地の悪い環境からなかなか抜け出せない／人間関係を見直す
お金	期待通りの展開は難しい／病気や事故などのやむを得ない出費／貯金はうまくいかない	パッとしない状況／家計を見直すべき時／今までの金銭感覚を捨てないと危険

1章 大アルカナ22枚の解説 XIII 死神

XIV

節 制
TEMPERANCE

混ざり合い、調和し合う2つの世界

翼を広げた天使が、両手にカップを持ち、中の液体を
ゆっくり入れ替えています。服の胸元には、四角形と三
角形を組み合わせたマーク。足元には黄色いアイリスが
咲き、後ろの山には太陽に続く一本道が描かれています。
右足を水中に、左足を陸地に置いて、左右の質の異なる
液体を混ぜ合わせていることから、調和をはかりながら
慎重に物事を進めていく時期、うまく中庸の立場を保て
る状態であることを示しています。

カードに描かれたリーディングのヒント

カップ（聖杯）	四角形と三角形	黄色いアイリス	右足と左足
異なる液体が入った左右のカップを混ぜて調和させています。この液体はエネルギーの象徴でもあり、融合しながら変化することを示しています。	服の胸元に描かれたマークは、四角形が四大元素「火・水・風・土」、三角形が錬金術の三原質「硫黄・水銀・塩」を表しています。	水際に描かれるアイリスは、ギリシャ神話では虹の女神。虹は天と地をつなぐ架け橋の象徴であり、2つの異なるものをつなぎ合わせるという意味が。	水の中は無意識、陸地は顕在意識を表しているという解釈も。天使は2つの異なる世界をつなぎ、融和させることを示唆しています。

おみくじタロットで占う今日の運勢

 急がず焦らず、流れに身を任せるとよい
方向に向かうでしょう。急激な変化はな
いけれど、ギクシャクしていた交友関係
がスムーズになったり、止まっていたプ
ロジェクトがゆっくり再開したり。ゆる
やかな進展を感じられる日になりそう。

 気分の波が激しく、自分でもコントロ
ールできない感情に振り回されそう。
理性が働かず、空気が読めない人間と
思われてしまいかねません。周囲の声
に耳を傾ければ、少しずつ気持ちの落
ち着きを取り戻せるはず。

ラッキーアイテム＆アクション

 Lucky color
ライトブルー

空のような明るい青。心を解放
させ、晴れやかな気分に。

 Power Stone
エレスチャル

ネガティブとポジティブの感情
をバランスよく整えます。

Lucky goods & action

- ミネラルウォーター
- ガラスの花瓶
- 洋服の整理、処分をする。

Keyword >>> 調和のとれた融合

 正
中庸／融合／
節度ある行動／
バランスをとる／
調和／調整する

 逆
アンバランス／
流れが止まる／
自己中心的／
感情に振り回される

	正	逆
現在／結果	状況の整理が必要／よい化学反応が起こる／新しい発見／人との交流で新しいことに気づく／人の意見と自分の意見のバランスをとる	人と会うことを拒絶／いつの間にか自分本位の考え方に／何かとすれ違いが多い／優柔不断になって周りに振り回される／合わない環境
過去／原因	人の意見に影響を受けやすい／優柔不断な態度／好奇心旺盛／欲張り過ぎてすべてが中途半端に／正直過ぎて周りが対応に困る	抑えられない感情／人の意見を聞いているようで聞いていない／噛み合わない／柔軟性がない／相手に対する理解が浅い／相性が悪い
未来	複数のものをまとめる／カルチャーショック／行き過ぎたものを調節する／調和のとれた世界／細やかな配慮と丁寧な対応で希望をかなえる	期待はずれの展開／周囲とのバランスが崩れ状況が悪化／無駄にエネルギーを消耗する／チャンスをものにできない／生活の乱れ／体調を崩す
アドバイス	臨機応変な対応／丁度よい状態を目指す／周囲との争い事は避ける／賭けに出ず平均点を取る姿勢／異なる意見にも耳を傾け理解する	どんなことも前向きにとらえる／相手を理解するために会話する／自分の殻に閉じこもらない／感情のコントロールが大事
恋愛	穏やかで心休まる関係／控えめなアプローチ／節度ある献身的な交際／自分から合わせていく	自分の感情を押しつける／しっくりこない／なかなか進展しない／チャンスをものにできない
仕事	話し合いで解決／周囲と進める仕事／人望の厚い人との交流／押すより引きの姿勢が大切	基礎や基本がなくて行き詰まる／配慮を欠いて孤立／臨機応変に動けない／確認不足で失敗
対人	適度な距離を保てる／穏やかで心地よい関係／周りとの調和を大切に／純粋な友情	気遣いのない言動で孤立／相手の真意がわからず心を開けない／器用に立ち回れない
お金	工夫しながら楽しく節約／貯金が順調に増える／節度ある支出が幸運を引き寄せる	無駄遣い／どんぶり勘定でうまくいかない／衝動買いで失敗／貯金が思うようにできない

悪 魔
THE DEVIL

THE DEVIL

誰の心にもある「弱さ」がテーマ

黒い背景の前で、ヤギの頭にコウモリの翼をもつ悪魔。右手で悪の祝福を送り、左手は松明（たいまつ）を逆さに持っています。額には、逆位置の五芒星。裸の男女の小悪魔は鎖でゆるくつながれているだけで、まるで自ら望んで悪魔に従属しているかのようです。[悪魔] が出たら、誰の心にもある欲望や嫉妬の感情を、自分の中に認める時が来ているのかも。また、本能や快楽のままに行動することへの警告とも考えられます。

カードに描かれたリーディングのヒント

黒い背景
すべての色を足すと黒になり、別の色にはなりません。行き詰まった状態や身動きがとれないことを意味し、警告を発しているとも読み取れます。

松明
悪魔が左手に持っている松明の火は、欲望の象徴。小悪魔の尻尾にも、その火が移っています。小悪魔も欲望の虜になって逃げられないことを示しています。

逆位置の五芒星
悪魔の額にある逆さの五芒星は、悪を呼び寄せる悪魔の象徴。人々を真理に導く五芒星の輝きとは真逆の意味を示しています。

男女の小悪魔
アダムとイブであるという解釈もされる男女の小悪魔。動物を連想させる尻尾が生え、悪魔に魅入られ本能のままに生きようとしていることを暗示。

おみくじタロットで占う今日の運勢

 面倒くさいことでも目を背けず、誘惑に負けない意志の強さをもって過ごしましょう。今やるべきものを「明日でいいか」と先延ばしにすると、不要なミスやトラブルを引き寄せてしまいます。いつもできていることこそ入念にチェックを。

 長らくやめたいと思っていた悪い習慣から抜け出せそう。元の状態に戻ってしまわないよう自分に厳しく節制しましょう。うまくいけば、腐れ縁の相手と知らぬ間に疎遠になるなど、まるで憑きものが落ちたようにスッキリした気分に。

✧ ラッキーアイテム＆アクション

 Lucky color
シルバー
内面に秘めた芯の強さやプライド、品格を保ちます。

 Power Stone
マラカイト
負の方向に飲み込まれないように、身を守ってくれます。

Lucky goods & action
- キムチ、漬物
- アンティークの家具
- 足つぼマッサージ

カードが示すメッセージ
Message

Keyword　>>>　逃れられない誘惑

欲望／自堕落／
快楽的／執着心／
誘惑に勝てない／
理性を奪う／無秩序

束縛からの解放／
悩みの解消／
現状から脱却／
欲求のコントロール

	正	逆
現在／結果	誘惑に負けてしまう／つらいことから目を背けている／責任転嫁／保身に走る／欲望に流されている／葛藤を抱えたまま何もしない	自分自身の問題に気づく／悪い習慣を改善していく／執着やしがらみから解放される／正しい道に戻るべき時／現状から脱しようとする
過去／原因	欲望を抑えられない／意思が弱い／理性が働いていない／正しい判断ができない／わかっていてもやめられない／依存／快楽に溺れる	現状を変える気がない／魔が差す／一度の過ち／浅はかな考えによる行動／少しくらいという甘え／一瞬の気の緩み
未来	気の緩みですべてを失う可能性／欲求を抑えられず理性が働かなくなる／誘惑に飲み込まれていく／依存や執着が強くなる	障害を乗り越えるまで先は長い／本人次第でやり直すことはできる／関係を断ち切るきっかけ／過去の自分から生まれ変わる
アドバイス	まだやり直すことはできる／ダメな自分と向き合う／嫌なことから逃げない／自分自身を見つめ直す強い心をもつ	なりふりかまわず全力で／言い訳をしない／自分の心を信じプライドをもつ／向き合い方次第で変わる／誘惑するものには物理的な距離を
恋愛	浮気／不倫／束縛／略奪愛／恋愛依存／DV／体だけが目的の関係／危険な魅力に引かれる	腐れ縁を断ち切る／連絡が途絶える／執着や未練がなくなる／失恋から立ち直る／吹っ切れる
仕事	嫌な仕事をやめられない／不正／汚職／現状に甘んじて努力しない／打算が先行／自分にうそをつく	スランプや危機を脱する／さぼり癖を改める／不当な扱いに気づく／面倒な仕事から解放
対人	悪友／腐れ縁を断ち切れない／危険なことに巻き込まれる／依存関係／誘いを断れない	腐れ縁や悪縁との決別／悪い誘惑から逃れる／健全な人間関係／正直な気持ちを伝える
お金	ギャンブルに依存する／物欲に負ける／危険な儲け話／不正な儲け話／お金に執着し過ぎる	少しずつ収入が上がる／金銭への執着からの解放／正しい金銭感覚／誠実に収入を得る

XVI

塔

THE TOWER

THE TOWER

慢心や虚栄を打ち砕く天の啓示

険しい崖に立っている塔に雷が落ち、激しい雷光と22の火花が飛び散っています。落雷の衝撃により、塔に飾られていた王冠は弾き飛ばされ、二人の人間が投げ出されているように見えます。天からの雷は、おごり高ぶる人間をこらしめる制裁のよう。築き上げてきたものの崩壊や、信じてきた価値観の変化などを象徴しています。しかし崩壊の後に待っているのは、新たな創造や誕生でもあるのです。

カードに描かれたリーディングのヒント

塔

そびえ立つ灰色の塔は人間が築き上げた権力や価値観などを意味し、崩れ落ちるのは一瞬ではかないものであることを表しています。

雷

慢心への戒めを表す雷は、天からの啓示やひらめきという意味も。新たなスタートを切るには、ある程度の衝撃が必要なことを示しているのかも。

雷光と22の火花

火花の数は、大アルカナの枚数と同じ22。雷光は「手・神の恩寵」という意味へのヘブライ文字をかたどり、この雷が神の意志によるものだと示しています。

王冠

輝く王冠は、権威や地位、おごり高ぶる心の象徴。それが雷によって落とされることで、プライドの失墜や挫折を暗示しています。

おみくじタロットで占う今日の運勢

正 今日はシフトチェンジをするタイミング。好調だった仕事が頓挫したり、信じていた友人からきつい一言を言われたり、突然の事態の急展開にショックを受けるかもしれません。この機会に、自分の慢心や甘えを反省して切り替えましょう。

逆 行き詰まって放置していたことや、未解決だった問題に取り組んでみましょう。見て見ぬふりをしていた分、解決するには時間も意欲も必要ですが、このチャンスを逃すとさらに大きな問題になることも。今が行動の時。勇気を出してトライを。

ラッキーアイテム＆アクション

Lucky color
ブラック

威厳を保ちプロフェッショナルな印象に。感情を抑える効果も。

Power Stone
カイヤナイト

持つ人の直観力や洞察力が高まり、危険から身を守ります。

Lucky goods & action
- 刺身
- 鈴
- 展望台や高層ビルにのぼる。

Keyword >>> 価値観の崩壊

 正

解放／争い／
破壊／アクシデント／
激変／自分勝手／
ショック

 逆

トラブル寸前／
行き詰まり／
問題の露呈／動揺／
ダメージを引きずる

	正	逆
現在／結果	アクシデントが起きる／急にうまくいかなくなる／積み上げてきたものが崩れる／変化の節目／価値観を変えさせられるほどの衝撃	打開策がわからない／物事に行き詰まる／課題を先送りにしてきたことによる失敗や災難／解決に向けて取り組むべき時／じわじわと変化する
過去／原因	急展開についていけない／変化に対応できない／自分自身をコントロールできない／突然の出来事に混乱している／状況が一変	課題を引きずっている／問題を未解決のまま放置している／時代に合わない／根本的な改善をしていない／トラウマ／ショックから立ち直れない
未来	展開に追いつけずに戸惑う／下手に動くと失敗する／予想外の展開に進む／他人の新たな一面を見る／防ぎようのない事態が起こる	解決の道は残されている／変わらざるを得ない事態に追い込まれる／後からじわじわダメージを受ける／問題が見えたことでよりよい方向に
アドバイス	冷静に状況を見極める／一度止まってタイミングを待つ／計画をリセットするくらいの気持ちで臨む／これまでの価値観や行動を見直す	危機感をもって取り組む／意識を変えれば少しずつ回復する／問題を後回しにしない／宿命に逆らわないほうがいい／現状を打開するチャンス
恋愛	一目ぼれ／突然の別れ／恋愛観が変わる相手との出会い／電撃結婚／一夜限りの肉体関係	ケンカを引きずる／二人の間に溝ができる／別れの予感／誤解がとけない／失恋から立ち直れない
仕事	突然の倒産・解雇／手がけてきた仕事が急変／予想外の邪魔が入る／トラブル続出	再構築が必要／無理なしわ寄せがくる／方向性に行き詰まる／トラブルから大きな影響を受ける
対人	裏切り／これまでの関係が崩れる／衝撃的な出会い／意外な展開による別れ／悪縁が切れる	険悪なムード／小さな誤解からの関係悪化／すれ違い／これまでの不信感が爆発／理解し合えない
お金	予想以上の損害／一気に大金が放出／株価や為替の急激な変動によるピンチ／天災に伴う出費	収入減で資金不足／最悪の事態にはならないがギリギリの状態／金銭トラブルが長引く／破産寸前

XVII

星
THE STAR

訪れる「可能性」を信じて

裸の女性が泉の近くにひざまずき、両手に持った水瓶の水を大地と泉に注いでいます。夜が明けようとしている空には、ひときわ大きな八芒星（はちぼうせい）が輝き、その周囲には7つの小さな星。背後の木にはトキがとまり、女性を見守っています。[星]は、かすかな希望の光が差し、新たな可能性や夢がもてることを示唆するカード。しかしそれは、強い精神力や努力の先にあるものなのです。

カードに描かれたリーディングのヒント

裸の女性
裸の女性は純粋さや無垢な精神の表れ。無限の可能性を秘めていることを示唆。素直な気持ちで前に進むことが、希望ある未来を引き寄せます。

水瓶の水
女性が注いでいるのは生命の水。[節制]と同様、水と陸に同時に足を置いていることから、意識と無意識をつなぎ融和させることを表しています。

八芒星
大きく輝く八芒星は希望や夢の象徴とされ、周囲の7つの星は神秘性を示す「7」につながります。輝く星は、人が本来もつ才能や魅力などを示唆。

トキ
背景の木にとまっているのはトキ。再生を意味する鳥で、新たな始まりや未来への希望を示しています。エジプト神話の知識の神・トートの象徴とも。

おみくじタロットで占う今日の運勢

 新しい習い事や勉強を始めるのにベストなタイミング。空き時間に、文化的な活動をしてみるのもよいでしょう。お芝居や展覧会、好きなアーティストのコンサートなどがおすすめです。忙しい毎日で忘れていた、心の潤いが取り戻せます。

 目標やノルマを、実現可能な範囲で再設定しましょう。着実に歩みを進めれば、可能性はいつの間にか目の前に現れるもの。今掲げている目標が想像以上に難しくても、目標を見失わないようにすることが大事です。

ラッキーアイテム＆アクション

Lucky color
レモンイエロー
明るくフレンドリーな印象で、コミュニケーション力アップ。

Power Stone
ガーネット
勇気、希望、強い生命力が宿り、勝利を招いてくれます。

Lucky goods & action
- オムライスなど卵料理
- リップクリーム
- 玄関の掃除をする。

カードが示すメッセージ
Message

Keyword >>> 努力の先にある希望

正
可能性／自分を信じる／
才能を磨く／
感性に従う／
夢がかなう／創造力

逆
失望／高過ぎる目標／
幻滅／悲観的／
鈍い感性／
チャンスを逃す

	正	逆
現在／結果	将来に明るい兆しが見えてくる／自分の中に才能を見出す／未来に向けて期待と希望に満ちあふれる／やる気アップ／勘がさえ判断力がつく	予想外の展開で落ち込む／計画が水に流れる／白紙になる／楽しみが延期になる／希望を失う／考えがまとまらずに不安になる
過去／原因	目標に向かって努力する／目標自体に問題があるまたは目標が高い／理想が現実的なのかを分析する必要がある	目標が身の丈に合っていない／焦って空回りする／思いばかりが先行している／ネガティブ思考／悲観的／指針を失っている
未来	夢がかなう／思い描いていたことを実行できる／周りに応援してくれる人が増え活躍／進むべき方向がわかる／問題解決に向かう	悪いほうに考え過ぎてどん底に／希望がもてず見通しが立たない／とりかかっていたことが無駄になる／順調だった話が流れる
アドバイス	希望をもつ／ポジティブな気持ちでやりたいことにトライ／自分の能力や可能性を信じる／向上心を大切に／新しいことに挑戦すべき	小さな希望を見つける／悪い面よりよい面に目を向ける／実現可能な目標を設定し直す／頭を切り替えて今できることをやる
恋愛	理想の人との出会い／片思いが成就／友情から始まる恋／脈ありの恋／ときめく恋の予感	理想が高い／背伸びしている／内面を見ていない／悲観的／期待はずれの相手に後悔する
仕事	期待される／希望の仕事ができる／高い目標をもつとよい／感性やセンスのよさで活躍	目標を失いやる気ダウン／計画が流れる／努力が水の泡になる／期待はずれの結果／見誤る
対人	気の合う仲間との仲が深まる／互いにリスペクトし合える／人との交流が生活を豊かにする	実りのない関係／なじめず進展がない／閉鎖的になり孤立する／人間関係にストレスを感じる
お金	利益や損害への勘がさえる／お得情報／ローンや保険の見直しをするとよい／臨時収入	無駄遣い／安物買いで損をする／期待するほどの報酬が得られない／株や投資に失敗

XVIII

月

THE MOON

曖昧模糊とした不安や神秘

中央にこうこうと光る月、手前の沼からは、這い上がるザリガニが描かれています。沼からは曲がりくねった一本道が2つの塔の先まで延びて、道の両脇にはイヌとオオカミが月に向かって吠えています。物事をはっきりと照らし出す太陽とは対照的に、月は全体的に曖昧でおぼろげな状態を表します。不安や移ろいを象徴するこのカードが出た時こそ、冷静さと客観的視点を忘れずに。

カードに描かれたリーディングのヒント

月

ここに描かれる月は、満月・半月・三日月などすべての形態が含まれています。憂いを含んだ表情から、不安感や不透明さが伝わってきます。

ザリガニ

潜在意識や無意識を象徴する水から這い上がろうとするザリガニ。目を背けていた心配事や気づかなかった不安な気持ちが、露呈することを暗示。

2つの塔と一本道

[女教皇]、[死神]にも登場した2つの塔は、人々が住む現実世界と未知の世界を隔てる境界線。向こうの世界まで続く道は、人生の歩みを象徴とも。

イヌとオオカミ

イヌは人間に飼い慣らされた文明的な生き物、オオカミは野生の象徴。道を挟んで月夜に吠え合う2匹は、2つの相対するものを表しています。

おみくじタロットで占う今日の運勢

 正 不安や心配事があるなら、具体的に情報収集に動いてみましょう。相手の気持ちや問題点がわからず、憶測で考えているからかも。相手に直接聞いてみれば、モヤモヤの原因がわかり、意外なほどすっきり解決するかもしれません。

 逆 間違いを素直に認めることが吉となる日。勝手な思い込みで誤解していたこと、先入観で判断していたことの本質が徐々にわかってきます。視点を変えれば、これまで無駄にしていた時間や人間関係を取り戻せそうです。

ラッキーアイテム＆アクション

 Lucky color
アイボリー

柔らかな色に癒やし効果あり。心を落ち着かせたい時に。

 Power Stone
ムーンストーン

女性の心の不安を整え、情緒を安定に導いてくれます。

Lucky goods & action

- フルーツタルト
- 手鏡
- 電化製品のコードを整理する。

Keyword >>> 移ろいゆく心

正
不安／曖昧／
見えない敵／
不透明な先行き／
妄想／移ろいやすさ

逆
見通し／
クリアな状態／
実態が明らかになる／
不安の解消／決着

	正	逆
現在・結果	秘密や隠し事に悩まされる／情緒不安定／心配事がある／はっきりしない／原因不明の不安感／打開策が見つからない	騙されていたことに気づきトラブルを避けられる／徐々に不安が解消する／現実が見える／誤解や勘違いに気づく／心配事を自力で解決
過去・原因	相手の心が見えない／深読みし過ぎ／思い込みや決めつけをしている／真実かどうかが曖昧／判明していない事実がある	隠し事が明らかになる／本性が表れる／今までのやり方が通用しなくなる／冷静に対応できる／状況がよくなり落ち着く
未来	先行きが不透明／はっきりしない状態が続く／見通しがつかない／トラップがある可能性あり／隠れた敵が表れる／不安がトラブルを招く	精神的に落ち着いていく／次の展開が見えてくる／モヤモヤしていたことがはっきりする／進むべき道がわかる／悪事を見抜く勘がさえる
アドバイス	誠実な対応をする／ふさぎ込まずコミュニケーションを大切に／相手を信用し過ぎず距離を置く／客観的にとらえる／ぶれない心をもって	現実を見て／思い込みや誤解がないか考え直す／本当に大切なことから目をそらさない／嫌な予感や違和感を感じたら見過ごさない
恋愛	偽りの恋／裏切り／不倫／不誠実な態度に不信感をもつ／浮気／結婚前の迷い／わけありの恋	隠し事に気づく／隠したい関係がばれる／相手の本性を知る／自分の気持ちがはっきりする
仕事	状況がはっきりしない／出し抜かれる／水面下での駆け引き／見通しの悪さで失敗	状況が見え見通しが立つ／問題の原因がクリアに／トラブルを避ける勘がさえる／不安の解消
対人	信用できない／裏切り／気分屋の人の行動や言動に振り回される／腹の探り合い／仲間はずれ	信頼関係が回復／素直になるほどよい関係／誤解が解ける／わかり合える／本性を見抜く
お金	先の見通しが不安定／衝動買いや詐欺に注意／大きな買い物にはふさわしくない時	資金計画の見通しが立つ／詐欺などに騙される前に気づく／金欠の原因がわかり徐々に安定

XIX

太 陽
THE SUN

喜びや成功が約束された未来

晴れた空に大きな太陽が光り輝き、その下に裸の子どもが楽しそうに白馬にまたがっています。背後の壁の向こうには満開のヒマワリが咲き、赤い旗が大きくはためく様は生命力やエネルギーにあふれています。[星]、[月]に続き3つの天体の最後を飾るにふさわしい強さが感じられます。脚光を浴びる、これまでの努力が報われるという可能性を示唆しているので、このカードが出たら積極的に動いていい時期です。

カードに描かれたリーディングのヒント

太陽

こちらをまっすぐに見据える太陽は、創造性や希望を象徴。直線と波形の光線は、光と影や男女などの二元性、相対する2つの事象を示しています。

裸の子ども

太陽の光を浴び、屈託なく喜んでいる子どもは生命力そのもの。さまざまなことを素直に吸収し、才能を伸ばして成長していく様を表しています。

白馬

ウマは本能の象徴。子どもが手綱を持たずに上手にコントロールしながら乗りこなしている様が、成功への道を進むことを示しています。

ヒマワリと壁

4つのヒマワリは四大元素を表し、灰色の壁がそれらから子どもを守っているという解釈も。子どもはその保護から飛び出し、成長していく存在です。

おみくじタロットで占う今日の運勢

 今までやりたかったこと、温めてきたことを実行に移してみましょう。これまで粛々と準備をしてきたことがあれば、挑戦したり、発表したりするなど、表舞台に出すよいタイミング。よりよい結果を得るには、情熱と本気が成功のカギ。

 今日はエネルギーチャージに徹しましょう。いい雰囲気だった異性と距離ができてしまったり、懸命に取り組んできた仕事が急に無意味に思えたり、心が宙ぶらりんな状態になりそう。心の元気を蓄えるため積極的に気分転換を。

ラッキーアイテム＆アクション

 Lucky color
オレンジ

明るくポジティブな気分に。人との交流も開放的になります。

 Power Stone
サンストーン

強い力で新しい流れを作り、統率力や信頼度がアップ！

Lucky goods & action
- トマト料理
- ヘアアクセサリー
- スポーツ観戦

カードが示すメッセージ
Message

Keyword >>> 前進するエネルギー

正

喜び／幸せ／
成功／成長／栄光／
誕生／満足／成就／
パワーがある

逆

挫折／日陰／
停滞／エネルギー不足／
不健全／落胆／
自信過剰／中断

	正	逆
現在／結果	物事が思い通りに進む／運気は最高潮／エネルギーにあふれバイタリティーがある／喜びに満たされる／平凡な日常に充実を感じる	目標を失う／物事が停滞する／心身ともにエネルギー不足／何をしても楽しめない／この先どうしたらいいかわからない／将来が見えない
過去／原因	情報をオープンにし過ぎる／軽はずみな言動／手の内を見せる／馬鹿正直／フレンドリーな態度／考えが浅い／子どもっぽい態度	考えが未熟で周りの同意を得られない／頑張りが足りない／周りの意見を受け入れない／頑固／根拠のない自信／手柄をとられる
未来	成功／成就／努力が認められる／人前に立ち褒められる／朗報が舞い込む／試練を超えた先にチャンスがある／周りの注目を集める	悪目立ちをする／頑張りに対して見返りがない／思っていたほど注目されない／なかなか結果が出ずモチベーションが下がる
アドバイス	楽しむことが成功へつながる／明るくポジティブに／人のまねをするより自分らしく／挨拶は笑顔を心がける／何事も全力で取り組む	ぶれない心をもつ／焦らず根気よく努力を続ける／目標を失わずに／自分をもっとアピールする／的確な判断を心がける
恋愛	恋が成就する／周りから公認で祝福される恋／誠実で健全な関係／楽しい交際／結婚	些細なことが別れに発展／将来に不安を感じる／倦怠期／信頼し合えない関係
仕事	地位や名誉を得る／昇進／右肩上がりの業績／注目を浴びる／成功する／やりがいを感じる	手柄を取られる／やる気ダウン／評価されない／手抜きにより信用を失う／心身ともに疲労
対人	裏表がなく隠し事がない関係／高め合える相手／この先長くつき合っていく人との出会い	約束を破られる／無神経な発言で関係がこじれる／心から楽しめない／一緒にいると疲れる
お金	成功して賞金や報酬を得る／目標額に達する／宝くじや懸賞で当選／思いがけない臨時収入	当てにしていた収入がなくなる／浪費／無駄遣い／たががはずれる／予算オーバーで赤字

XX

審判
JUDGEMENT

JUDGEMENT

過去から得られる学びをヒントに

旗のついたラッパを吹き鳴らす天使と、それに呼応するかのように死者が棺からよみがえって天を仰いでいます。これはキリスト教における「最後の審判」のシーン。終末の時には死者も生者も、その行いによってイエスから天国か地獄かの審判を受けると考えられています。背後に浮かぶ山稜の向こうは、未来の行く末でしょうか。復活や再生を意味するこのカードは、終わったことや過去に諦めかけたことに、再び光が当たることを示唆しています。

カードに描かれたリーディングのヒント

旗
天使が吹くラッパについた白地に赤い十字の旗は救済と復活のシンボル。これから起こる変化や、下される審判の予兆にも見えます。

天使
大天使の一人「ガブリエル」。最後の審判の際は彼のラッパで死者がよみがえるといわれ、彼は裁きの結果を知らせるメッセンジャーなのです。

死者と棺
棺から立ち上がった人々は、精神や魂のよみがえりを表します。執着する心を捨てて、新たなスタートを切ることが救済への道であることを暗示。

山稜
死者の向こうにそびえ立つ山稜は、現実と未知の世界との境界線。新たなステージに向かって、この先超えていくべき試練があることを表しています。

おみくじタロットで占う今日の運勢

正 今後の人生に深く関わる、重大な決断にせまられる日。諦めた夢や疎遠になってしまった友人など、封印された過去が、再びクローズアップされる可能性も。別れてしまった恋人との復縁もあるかもしれません。

逆 これまでの考え方を根本から見直し、立て直すとよいでしょう。仕事に取り組む姿勢、周囲への振る舞い、恋人への誠意など、自分への真価が問われる日。不誠実な対応やごまかしなど、隠していたことが発覚してしまう可能性も。

ラッキーアイテム＆アクション

Lucky color
ピュアホワイト
物事をリセットし、新しくスタートしたい時に取り入れて。

Power Stone
ラブラドライト
必要な物事を引き寄せ、不要な物事を断つ勇気を与えます。

Lucky goods & action
- ドーナツ
- 帽子
- 古くからの友人に会う。

カードが示すメッセージ
Message

Keyword >>> 今後を左右する岐路

正
ターニングポイント／
心機一転／
復活／解放／
チャンス／始まり

逆
トラウマ／
傷が癒えない／
結論が出ない／執着／
過去にとらわれる

	正	逆
現在／結果	問題が解決し新たなスタート／諦めていたことに再チャレンジする時／ひと皮むけてさらなる飛躍／山を乗り越え前進する	チャンスを逃す／手遅れになる／待ちくたびれる／悔いが残る結果／思うような結果が出ない／前に進めない／過去の失敗を蒸し返される
過去／原因	苦い経験を乗り越えて成長する／トラウマから脱却／過去のいざこざを引きずっている／問題が再び浮上する／チャンスを見誤る	過ぎたことにこだわり過ぎ／タイミングが悪い／一歩踏み出せず先送りにしている／大事なことを忘れている／こじれたまま改善されない
未来	冷めていたことが再び注目される／失ったものを取り戻す／追いかけていた夢を思い出す／心の迷いが消える／進むべき道が見つかる	失敗から立ち直れない／チャンスはしばらく訪れない／過去に縛られると前に進めない／決断できない／迷い続ける／再び凍結
アドバイス	過去の経験を糧にして次に生かす／リベンジするなら今／温めてきた計画を実行に移す時／目の前に課題に向けてベストを尽くす	困難にも正面から向き合う／気持ちを切り替えて前進を／いつまでも悔やまない／今こそ決断の時／大切なことこそ先延ばしにしない
恋愛	恋の再燃／再婚／復縁／諦めていた恋が実る／告白のチャンス／過去の清算／奇跡的な出会い	過去を引きずる／諦められない／ずるずるした関係／やり直せない／結婚を決意できない
仕事	止まっていた計画がよみがえる／起死回生／汚名返上／決断が成功を導く／方向性が定まる	努力が報われない／チャンスを逃す／取り返しがつかない失敗／過去の実績にとらわれ過ぎ
対人	重要人物に再開する予感／古い友人との再会／仲直り／かけがえのない相手との仲が深まる	大切な人と疎遠になる／仲直りできない／再会は難しい／親しくなるまでに時間がかかる
お金	一度失ったと思っていたお金が返ってくる／忘れかけていた投資が復活／判断の勘がさえる	情報分析を誤り判断ミス／うわさに惑わされて損する／不利な判断をせざるを得なくなる

世界
THE WORLD

時間をかけて手に入れた究極の調和

「0」を描く大きな緑の輪を上下のリボンが無限を意味するレムニスカートの形でつないでいます。中央には両手に杖を持った裸の踊り子。四隅には［運命の輪］にも登場する四つの聖獣が見守るように描かれ、すべてがバランスよく調和した図柄になっています。［世界］は物語の完結や、循環する世界を暗示するカード。［愚者］から始まる一連の旅がここで終わり、新しい物語の始まりを示唆するかのようです。

カードに描かれたリーディングのヒント

緑の輪	リボン	裸の踊り子	四つの聖獣
勝者に冠せられる月桂樹（げっけいじゅ）と見立て、ゴールを暗示しているといわれます。輪は循環、永遠を表し、新たなスタートと解釈できます。	緑の輪に結ばれている赤いリボンをよく見ると、8の字のレムニスカートの形。無限に広がる世界に終わりがないことを意味しています。	中央にいる踊り子は女性にも見えますが、男女両性を兼ね備えた、性別をも超越した存在。相反するものの統一や融合を意味します。	四大元素を意味する4つの生き物。［運命の輪］と異なり顔だけで表現されていることから、知識を備えた完全体を意味しています。

おみくじタロットで占う今日の運勢

 努力が報われる日。人知れず頑張ってきたことや、自分を高めるためにやってきたことにうれしい結果が用意されています。それは他人からの評価ではなく、自分の心の中で光り輝くものです。自分を精一杯褒めて、次への糧にしましょう。

 何事もあと一歩及ばず、くやしい思いをするかも。完成目前で力尽きてしまったり、最後の手柄を人に譲ってしまったり。すぐに評価されなくても、努力する姿は必ず誰かが見ているもの。ヤケを起こさず、事実を受け止めて。

✧ ラッキーアイテム＆アクション

 Lucky color
ゴールド

豊かさの象徴。自信や充実感を得られます。活力もアップ。

 Power Stone
ルチルクォーツ

金運アップに効果大。知識や人脈を集め、品格も高めます。

Lucky goods & action
- ビール、シャンパン
- サンキャッチャー
- 寄付、ボランティア活動

Keyword >>> 完璧な一体感

正

完成／円満／
ハッピーエンド／
勝利／相思相愛／
安全／和解／成就

逆

不完全／高望み／
不満／先が見えない／
迷い／心が折れる／
気おくれ

	正	逆
現在／結果	条件が整ったベストな状態／積み上げてきたことが実を結ぶ／絶好調／頑張ってよかったと思う／結果に満足する／ゴールを迎える／完成する	弱気な気持ちでチャンスを逃す／心が折れそうになる／思っているような展開にならない／目指す方向が違うことに気づく／達成感を得られない
過去／原因	物事に到達した／周りが見えてない状態／ナルシスト／独り善がり／周りの理解を得られていない／1つのことに没頭し過ぎ	最後までやり遂げる強い心がない／ビジョンがない／問題から目を背けている／高望みをし過ぎている／消極的な態度
未来	納得できる結果になる／達成することができる／頑張ってきた成果が表れる／夢がかなう／最高のものが完成する／ハッピーエンド	未完成に終わる／不完全燃焼／目標に届かない／不満が残る結果／夢がかなわない／中途半端に終わり後悔する／挫折する
アドバイス	強い信念をもつ／タイミングを逃さない／自分のペースでやり抜く／喜びを周りの人と分かち合う／チャレンジすることが大切／全力投球	目の前の目標を着実にこなす／周りの声は気にしない／最後まで諦めない強い心をもつ／逃げ腰にならない／焦らずにチャンスを見計らう
恋愛	恋が成就／理想のパートナーとの出会い／パートナーとの仲が深まる／幸せな結婚	マンネリ状態／あと一歩で実らない／なかなか進展しない／相手の気持ちがわからない
仕事	順調にはかどる／目標を達成する／転職に成功する／長期的なプロジェクトが成功する	進め方や計画を受け入れられない／行き詰まる／やりかけで終えてしまう／中途半端な結果
対人	長いつき合いの人との信頼関係／仲間との絆が深まる／異文化交流で刺激を受ける	価値観や考え方の違いで縁が切れる／すれ違いや誤解／今以上の関係に発展しない
お金	計画的に貯金できる／貯金が満期になる／財布に余裕ができる／予想以上の収入を得る	金銭的余裕がなくなる／楽して儲けようとする欲が裏目に／貯金できない／焦ると損する

Column

タロット活用術
スマホの待ち受け画像にして
運気アップ！

毎日何度も目にするスマホの待ち受け画像をタロットカードの絵柄にしておくと、
御守り替わりになり、運気アップの効果が期待できます。
カードの画像はインターネットを検索すれば、フリー素材をダウンロードできます。

恋愛運

恋人
(p.30)

* 片思いを
  成就させたい
* 彼との仲を
  深めたい

結婚運

世界
(p.60)

* 結婚したい
* 結婚につながる
  良縁

家庭運

節制
(p.46)

* 家族円満で
  いたい
* 夫婦仲を
  良くしたい

人気運

魔術師
(p.20)

* 人望を高めたい
* SNSで注目を
  集めたい

仕事運

戦車
(p.32)

* 才能を
  発揮したい
* 協力者に
  恵まれたい

成功運

星
(p.52)

* 勝負事に
  勝ちたい
* 努力を実らせたい

金運

皇帝
(p.26)

* 収入を上げたい
* とにかく
  金運がほしい

成功運

運命の輪
(p.38)

* 事業を
  成功させたい
* 夢をかなえたい

厄除け

力
(p.34)

* 邪気を払いたい
* トラブルに
  強くなりたい

対人運

太陽
(p.56)

* 絆を深めたい
* 人間関係の
  ストレスを
  なくしたい

健康運

審判
(p.58)

* 病いを
  回復させたい
* 心身の疲労を
  癒やしたい

子宝運

女帝
(p.24)

* 子どもを
  授かりたい
* 女性ホルモンを
  整えたい

2章

基本の
7つの占い方

22枚の大アルカナのカードを使って
さっそく占いにチャレンジしてみましょう。
ここでは7つのスプレッドを紹介します。

タロットカードの構成と見方

中国やインドにあった「プレイングカード」が原形といわれているタロットカード。
どのような構成になっているのでしょうか。描かれているものにも注目しましょう。

タロットカードは全部で78枚

タロットカードは78枚の絵札で構成され、大アルカナ22枚と小アルカナ56枚に分かれています。

アルカナには、ラテン語で「秘密」「神秘」など、「隠されたもの」という意味があります。大アルカナには[正義]や[審判]などのカードがあり、運命的な出来事や人生のステージアップなど占いの核心部を示します。

それに対して小アルカナは、4つのグループに分かれ、数や人物が描かれ、大アルカナが示す運命的な出来事をより具体的に読み取ります。

小アルカナは4つの「スート」(シンボル)

のいずれかが描かれ、それぞれに意味があります(p.100)。カードに描かれたシンボルの意味を丁寧に読みとることでより深く解釈できるようになります。

カードに描かれているものは
すべてメッセージ

それぞれのカードには、人物、動物、風景、マークなどが描かれ、絵柄にはすべて意味が込められています。

例えば、大アルカナの[世界](p.60)は、リースや4つのエレメントのモチーフなどによって、「完成」というメッセージを表現しています。

カードの構成

大アルカナは0～21の22枚です。小アルカナはA（エース）～10の「ヌーメラルカード」（数札）と、
ペイジ、ナイト、クイーン、キングの「コートカード」（人物札）が各4種類で計56枚です。

【 大アルカナ 】

0	愚者	XI	正義
I	魔術師	XII	吊るされた男
II	女教皇	XIII	死神
III	女帝	XIV	節制
IV	皇帝	XV	悪魔
V	教皇	XVI	塔
VI	恋人	XVII	星
VII	戦車	XVIII	月
VIII	力	XIX	太陽
IX	隠者	XX	審判
X	運命の輪	XXI	世界

【 小アルカナ 】

	ワンド	カップ	ソード	ペンタクル
ヌーメラルカード（数札）	ワンドのA	カップのA	ソードのA	ペンタクルのA
	ワンドの2	カップの2	ソードの2	ペンタクルの2
	ワンドの3	カップの3	ソードの3	ペンタクルの3
	ワンドの4	カップの4	ソードの4	ペンタクルの4
	ワンドの5	カップの5	ソードの5	ペンタクルの5
	ワンドの6	カップの6	ソードの6	ペンタクルの6
	ワンドの7	カップの7	ソードの7	ペンタクルの7
	ワンドの8	カップの8	ソードの8	ペンタクルの8
	ワンドの9	カップの9	ソードの9	ペンタクルの9
	ワンドの10	カップの10	ソードの10	ペンタクルの10
コートカード（人物札）	ワンドのペイジ	カップのペイジ	ソードのペイジ	ペンタクルのペイジ
	ワンドのナイト	カップのナイト	ソードのナイト	ペンタクルのナイト
	ワンドのクイーン	カップのクイーン	ソードのクイーン	ペンタクルのクイーン
	ワンドのキング	カップのキング	ソードのキング	ペンタクルのキング

カードの見方

それぞれのカードには、いろいろなものが描かれています。人物の向き、背景にある自然や
動物などのモチーフ、記号や図形などもメッセージになるので、じっくり見てみましょう。

【 大アルカナ 】 … 0 愚者

❶ 明るく輝く
白い太陽

❷ 両手を広げて
空を見上げる人物

❸ 純粋さを表す
白いバラ

❹ 足もとには
危険な崖

❺ 何かを伝えようと
している白いイヌ

THE FOOL

【 小アルカナ 】 … ペンタクルの2

❶ オレンジ色の
服に大きな帽子

❷ 2つのペンタクル
（金貨）をお手玉の
ように器用に操る

❸ 緑のひもは無限大
マークを作っている

❹ 背景には大きな
波にゆられる船がある

❺ 踊っているような
足取り

タロット占いでできること

健康やお金、恋愛など占いたいことは、人によってさまざま。
タロット占いでできることとタブーについて知りましょう。

タロットカードで
どんなことが占えるの？

　基本的に、現在、過去、未来、恋愛、結婚、仕事、お金など、どんな内容でも占うことができ、内容に応じて柔軟な答えが出る占いです。ただし、あまり先の未来を占うのではなく、短いスパンの悩みや方向性について占うのに向いています。

　また、タロットカードは心を映し出す鏡だといわれています。今の自分の気持ちはもちろん、「つき合っている彼の気持ちがわからない」「仲違いした友達と仲直りしたい」という場合などに相手がどう考えているかも占えます。

占ってはいけないことも
知っておこう

　どんな悩みにも万能とされるタロット占いですが、一般的にタブーとされる内容もあります。それは、生死に関する質問。「私は1年以内に死ぬ可能性がありますか？」などの生死を占って、「死ぬ」と出た場合、希望がなくなり不安でいっぱいの日々を送ることになります。こういった冷静な解釈ができなくなる恐れのある質問は避けるべきでしょう。また、他人の不幸を願う質問や、試験の合否など結果によって人生を大きく左右する質問をするのもNGです。

タロット占いでわかること

過去・現在・未来

「この先どうなるのか」という未来や、今の状況や過去にあったこと、そうなった原因についてなど、時間に沿って知ることができます。未来は長くて1年後くらいの状況が占いやすいです。過去はその内容への影響が大きかった時期を示します。

心の状態

「今の自分の気持ちはどんな状態？」や「この心にかかったもやは一体何だろう？」など、自分の心の状態がわかります。さらに、彼氏や友達、親など、気になっている人の自分に対する気持ちを知ることもできます。

アドバイス

特に悩みがない時でも、あらゆるアドバイスをもらうことができます。よいニュアンスのカードであればそうなるように頑張れというメッセージ。悪いニュアンスのカードなら気をつけようという警告のアドバイスが隠されています。

タロット占いで得られるメリット

カードを読み取り、答えを導き出すタロット占いを続けていると、
あらゆるメリットが得られます。
日常生活でも「タロット占いのおかげかも？」と思う場面が増えるかもしれません。

自分の本音に気づける

タロット占いでは、顕在意識だけでなく潜在意識を占うことができます。自分の本音が見えない時、タロットカードが自分の本当の気持ちを教えてくれ、向かうべき道を照らしてくれます。

直観力が高まる

タロットカードを読み取る時に必要なのが直観力。タロット占いを長く続けるうちに、直観力が養われ、日々のトラブルや人の気持ちを察しやすくなることがあります。

行動指針になる

結果に対して「どうしたらいいのか」という指針を示してくれるのもタロット占いのよさ。問題を抱えて悩んでいる時に、結果を見通して一体何をするのが得策かを教えてくれます。

人間関係がスムーズになる

「もしかしたら、あの人は私のことが苦手なのでは」など、疑心暗鬼に陥っても、タロット占いをすることで、相手を理解することができ、良好な関係づくりに役立てることができます。

前向きになれる

占いによって、悩みや迷いに何らかの答えが出ることで、それまでの気持ちが吹っ切れ、前向きになります。タロット占いが、現状を切り開く突破口となるのです。

タロット占いをするといいことがいっぱい！

タロット占いの質問方法

タロット占いでは、質問に含まれる情報や聞き方によって
カードの意味が大きく変わります。
適切な質問をすることで、正しい答えが得られやすくなります。

シンプルな答えがほしいなら
イエスかノーで
答えられる質問を

例えば、「この恋はうまくいきますか?」「いい職場が見つかりますか?」など、イエスかノーで答えが出るシンプルな質問をすると、はっきりとした回答をもらうことができます。ただし、与えられる情報は多くはありません。

問題解決への対策など、踏み込んだ答えを望む場合には、どのような内容を知りたいかを具体的に考えて、聞き方を変える必要があります。

できるだけ詳細に、
具体的に質問しよう

タロット占いは「今後どうしたらいいですか?」などの漠然とした質問をするよりも、具体的な質問をしたほうが明確な答えを示してくれます。いつ、誰と、どこで何をするのか、どんな理由で占いたいのかなどを今の状況やその背景まで詳しく伝えましょう。その質問に合ったカードの読み取り方ができ、わかりやすい回答を得られます。どうしたら望んでいる方向に進めるのかを尋ね、カードに導いてもらいましょう。

自分との対話を大切に

質問をする時には、今の自分が知りたいことが何かを落ち着いて考えてみましょう。自問自答することで、問題や悩みがクリアになり、質問が整理され、内容に沿った答えが出ます。他人を占う場合にも、何が知りたいかを事前にヒアリングしましょう。

同じ質問を何度もするのはやめよう

いい結果が得られなかったからといって、同じ質問を何度も繰り返し占うのはタブー。繰り返し占う癖がつくと、本当の答えが出にくくなります。どうしても占いたい場合は、聞き方を変えるか日を改めましょう。

わかりやすい回答を得られる質問例

	よくない聞き方	よい聞き方

恋愛
- 彼とうまくいかないのですがどうしたらいいですか？
- 相手の気持ちが冷めてしまったようですが、以前のようないい関係に戻るためには彼と話し合うべきですか？

仕事
- プレゼンは成功しますか？
- 明日のA社へのプレゼンを成功させるためには、どうしたらいいですか？

人間関係
- 友達がいないのはどうしてですか？
- 心が通じ合う友達が欲しいのですが、どうすれば作れますか？

結婚
- 将来、結婚はできますか？
- 今、結婚したいと思える人が周りにいないのですが、1年以内によい相手と出会えますか？

健康
- やせられますか？
- 昨年太ってしまったので、3カ月以内に5キロ体重を減らしたいのですが、どうしたら実現できますか？

背景がまったく見えず、曖昧なところがあるため、答えも抽象的になりやすい。

現在の状況を伝えたうえで、どうしたら自分の望む結果を得られるか詳細に聞くと答えも明確に。

スプレッド（並べ方）の決め方

スプレッドとは、英語で「広げる」という意味。
カードの並べ方のことをいいます。
質問の内容とスプレッド次第で答えの内容や情報量が変わります。

質問に合わせて
スプレッドを選ぼう

　スプレッドを選ぶ時に、厳密なルールなどはありません。質問の内容に合わせて選びましょう。イエスかノーで答えられるようなシンプルな質問には、少ない枚数のスプレッドを選びましょう。状況や相手によって答えが左右される場合には、多い枚数を使うスプレッドなどで解決策や原因がわかりやすいものを選ぶと、的確な回答を得られます。

　最初は少ない枚数のスプレッドから練習し、慣れてきたら枚数の多いスプレッドで占うといいでしょう。

複数のカードを並べると
複雑な答えになるとは限らない

　たくさんのカードを使用するスプレッドでは、読み方が複雑になると思われがちですが、実は1枚1枚丁寧に読み取ることで、必要な答えを導き出しやすくなります。カードを置く位置に意味があり、質問の答えをより具体的に提示してくれるため、素直に読み取るだけで、おのずとわかりやすい答えが出てきます。

　反対に枚数の少ないスプレッドは二者択一の質問には向いていますが、どうしたらいいのかを知りたい場合には向きません。

Advice

どのスプレッドでも念を込めるのは大切

タロット占いをする時は、気持ちを落ち着けて行うことが大切です。どんな質問でも、どのスプレッドを選んだ時でも同じです。カードをよくカットして1つの山にまとめたら、その上に両手を重ね、「教えてください」と念を込めるようにしてください。そうすることで、より一層、今のあなたや質問者に必要なカードが出るようになります。

7つのスプレッド

▶ ツー・オラクル `p.74`

2枚のカードで、「現在と未来」「結果と対策」などを占うことができます。シンプルでわかりやすいスプレッドです。

▶ ツー・マインド `p.76`

2枚のカードで占います。「気持ち」を占うのに適したスプレッドです。人の気持ちだけでなく、自分の本当の気持ちを知ることもできます。

▶ シンプル・クロス `p.78`

2枚のカードで占います。具体的な問題がある時に適したスプレッドです。現在の状況と乗り越え方を教えてくれます。

▶ スリー・カード `p.80`

3枚のカードで、「過去・現在・未来」と時間の流れにそって占うことができるスプレッドです。

▶ フォー・カード `p.84`

4枚のカードで、時間の流れとともに、問題や障害となっているものを教えてくれるスプレッドです。

▶ ピラミッド `p.88`

6枚のカードで占います。問題の解決策を知りたい時に適しています。解決策を示すカードが2枚あり、親切でわかりやすいスプレッドです。

▶ ヘキサグラム `p.92`

7枚のカードで、具体的な問題について詳しく知りたい時や、特定の人間関係を占いたい時に適しています。

途中で並べるのを間違えた時は？

スプレッドの形や、並べる順番を間違えた場合は、そのまま続けずにやり直しましょう。並べたカードを逆の順番で山の上に1枚ずつ戻して間違えたところまで戻ります。どこで間違えたかわからない場合は、はじめからやり直しましょう。

シャッフルとカットの方法

シャッフルとは最初にタロットカードを混ぜること。
カットはカードをいくつかに分けて入れ替えることです。
手順を覚えて早速挑戦してみましょう。

心を落ち着けてシャッフルを

　タロットカードを引く前に必ず行うのが
カードを混ぜるシャッフルです。シャッフ
ルする際には、深呼吸をして心を落ち着
かせ、リラックスした状態で行いましょう。
　最初は心を空っぽにして左に回転させ、
カードを浄化します。自分の感覚に耳を
すませ、「混ざった」と思ったらそこでシ
ャッフルを止め、次は右回転でシャッフル
を。この時に質問を思い浮かべ、納得が
いくまで全体を丁寧に混ぜましょう。詳し
くは、p.73で紹介しています。

まとめたらカットしよう

　シャッフルを終えたカードは1つにまと
め、トランプのように両手でカットします。
心ゆくまでカットしたら、カードを3つの
山に分けて最初とは違う順番に重ねて1つ
の山にします。
　誰かを占う場合には、「どの山を上にし
ますか?」など、相手に重ねる順番を聞い
てもいいでしょう。タロット占いは偶然性
を大切にする占いなので、この方法が絶
対ということはありません。自分のやりや
すい方法を見つけましょう。

Advice

飛び出したカードには意味がある!

シャッフルやカットをしている時にカードが飛び出したり、めくれたりすること
があります。このカードはジャンプカードとよばれ、メッセージが秘められて
いるので、一度確認してからカードの山に戻します。同じカードがスプレッド
に出てきたら優先して読み取りましょう。

情報が欲しい時は、プラスでカードを引いてもOK

スプレッドを読む時に、出た答えについての原因や理由など、もう少し詳し
く知りたい場合には、追加の質問を念じながらもう1枚引いてもOKです。

占いの手順

1 質問とスプレッドを決め、心を落ち着ける

占いに集中できる環境を作りましょう。周囲に置かれた物を片づけ、タロットクロスを敷いて場を整えます。質問の内容とスプレッドを決めたら、心を落ち着かせます。落ち着くために目を閉じてもいいでしょう。

2 左回りにシャッフルして浄化した後、右回りにシャッフルする

カードをクロスの上に広げ、まずは両手で左回りにシャッフルします。この時頭の中は空っぽに。カードが浄化されたと感じたら、次は質問を思い浮かべながら右回りにシャッフルします。カードに敬意を持ちながら丁寧に。

3 ひとまとめにしてカットし、3つの山に分けて1つにする

カードをひとまとめにして、トランプのようにカットします。しっかりと切れたと思ったら、1つにまとめて「教えてください」とカードに念を込めてから3つの山に分けます。そして、最初と違う順番に1つにまとめます。

4 山を作り、カードの天（上）と地（下）を決める

十分にカードをカットしたら、1つの山にしてどちらを天（上）、地（下）にするかを決めます。相談者がいる場合には、相談者に決めてもらってもいいでしょう。ここでカードの正位置と逆位置が決まります。

天（上）

地（下）

5 正位置と逆位置が正しく出るように天（上）と地（下）が変わらないようにめくる

スプレッドの形にカードを配置し、1枚ずつ順番にカードをめくります。この時、正位置と逆位置が正しく出るように、めくり方に気をつけます。相談者がいる場合には、自分側の視点で見るようにしましょう。

あらゆる問いかけにシンプルな答えを出す

ツー・オラクル

2枚のカードで占うシンプルなスプレッド。
簡単に占えてはっきり未来を予測します。
幸せな未来へのアドバイスや対策も教えてくれます。

現在／結果   未来／アドバイス

占い方

1. シャッフル＆カットをしたら、カードの天地(上下)を決めて山を作ります。
2. カードの山の上から6枚を捨てます。7枚目を上図の ① に置きます。
3. 再度カードの山の上から6枚を捨て、7枚目を上図の ② に置きます。

各カードの意味

① 現在／結果

現在の状態や、どうしてそうなるのか、結果や理由を表しています。

----

② 未来／アドバイス

①の結果を受けて「それではどうすればよいか」を教えてくれます。

質問例＆アドバイス

「新しい習い事を始めるべき?」「気になる人に連絡をとってもいい?」「この
集まりに参加すべき?」など、あらゆる問いかけにシンプルに答えてくれます。
2枚のカード、それぞれの意味やイメージと向き合い、組み合わせからも想
像を膨らませましょう。

今の事業は成功するでしょうか？

会社で新しい事業を始めたのですが、うまくいくかどうか
不安です。成功するためにはどうしたらいいでしょうか。

● 使用カード　大アルカナ22枚 ●

現在／結果　　　　　　　未来／アドバイス

愚者　　　　　　　　　恋人

Answer

事前準備と自由な発想を大切に。
仲間との協力が成功へのカギです。

現在／結果に出た［愚者］は正位置で、自由や可能性、発想力を表しています。新しいことがスタートしたばかりなので、今はまだ先が見えない状況ですが、将来的にはよい方向に進むようです。まずは準備不足のないように、きちんと計画を立てましょう。それと同時に、型にはまらない発想を心がけることが大切です。

未来／アドバイスには［恋人］の正位置が出ていて、調和や協力を意味しています。独り善がりにならず、仕事仲間とのコミュニケーションを大切にすることで、新しい契約が結べるチャンスに恵まれそうです。情熱をもって取り組み続けることで、きっと軌道に乗り、新しい事業は成功することでしょう。

よい機会を見つけて異業種交流会などに顔を出すことも、開運行動の1つです。

Spread 2

相手はどう思っている？ 人の心の中を詳しく占える

ツー・マインド

顕在意識と潜在意識を知りたい時に「心の中」を占えるスプレッド。
相手や自分の本当の気持ちを知りたい時に使います。

顕在意識 ①

潜在意識 ②

占い方

1. シャッフル＆カットをしたら、カードの天地（上下）を決めて山を作ります。
2. カードの山の上から6枚を捨てます。7枚目を上図の ① に置きます。
3. 再度カードの山の上から6枚を捨て、7枚目を上図の ② に置きます。

各カードの意味

① 顕在意識

相手や自分が自覚している気持ちを表すカードです。

----

② 潜在意識

相手や自身がまだ自覚していない本音や無意識の本性を表します。

質問例＆アドバイス

「あの人は私のことをどう思っている？」「今の彼氏と結婚すべき？」など、気
持ちを知りたい時に役立ちます。恋愛、友人、家族、仕事関係のつき合い
など幅広く使えます。自分自身の気持ちがわからない時、本当はどうしたい
か考えをまとめる手助けにもなります。

夫と離婚したほうがいいでしょうか？

夫婦仲が冷めきってしまいました。家庭内別居の状態で、
話し合うのも嫌です。どうしたらよいでしょうか。

・ 使用カード　大アルカナ22枚 ・

顕在意識　　世界

潜在意識　　審判

Answer

新しいスタートを切る準備ができています。
専門家の協力を得て進みましょう。

顕在意識に出た［世界］の正位置は
目標達成やすべての物事が1つに収
まり、調和するというカード。表面
的には現在の状況は長い時間をかけ
て出来上がったもので、これ以上の
発展はないと思っているようです。
　潜在意識に出た［審判］の正位置は
区切りがついて新たなスタートを切る
ことを表します。今は相手と話し合

いをすることも難しく、気持ちの整
理ができないようですが、ご自身の
なかではすでに答えが出ています。
　夫婦仲が冷めきっている今の生活
を終わりにして、新しい一歩を踏み
出す気持ちの準備もできていると思
います。離婚についての話し合いは、
専門家や周りの人に相談して協力し
てもらうとスムーズに運びます。

具体的な問題の解決策を知りたい時、必要なことを教えてくれる

シンプル・クロス

具体的な問題の現状と乗り越えるべき試練が何かを知ることができます。自分に必要なことを知りたい時に適しています。

現在の状況

今の問題／試練

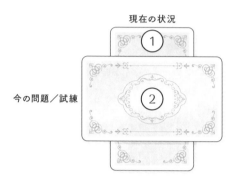

◖ 占い方 ◗

1. シャッフル＆カットをしたら、カードの天地（上下）を決めて山を作ります。
2. カードの山の上から6枚を捨てます。7枚目を上図の ① に置きます。
3. 再度カードの山の上から6枚を捨て、7枚目を上図の ② に置きます。

◖ 各カードの意味 ◗

① **現在の状況**

問題の現状や今の気持ちや可能性などを表しています。

- -

② **今の問題／試練**

乗り越えるべき試練や課題、必要な援助などを意味します。

◖ 質問例＆アドバイス ◗

「オーディションに合格できますか？」「社会復帰できますか？」など、今の自分に必要なことを知りたい時に適したスプレッドです。 ① の表すカードの意味を受け取り、それを変えたり、さらに発展させたり、成功する未来につなげていく方法を ② で確認しましょう。

相談例 3

出会いはあるでしょうか？

年を重ね、将来のことに不安を感じています。どうしたら
この先の希望につながるような人生のパートナーに出会えますか。

・ 使用カード　大アルカナ22枚 ・

現在の状況

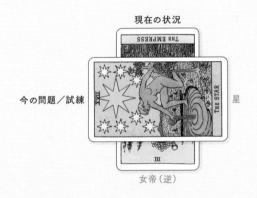

今の問題／試練　　　　　　　　　　　　　　　　　　　　　星

女帝（逆）

Answer

今の生活を見直し、希望をもって自分磨きを。
謙虚な姿勢を心がけて。

　現在の状況に［女帝］が逆位置で
出て、甘い考えや依存心の強さが表
されています。将来に不安がありなが
らも、「そのうち何とかなる」と思いな
がら、ルーズな生活を続けて浪費を
するなど、気持ちも暮らしもネガティ
ブな方向へと向かっているようです。
　今の問題／試練に出た［星］の正位
置は理想を意味し、希望を持ち続け
る前向きな気持ちが大切だというこ

とを表しています。ただし、今のよう
に他力本願な気持ちをもったままの
状態では、相手に対する理想が高す
ぎてうまくいきません。自分の思いば
かりを押しつけず、今の自分に魅力
があるか再確認し、理想の相手にふ
さわしくなれるよう自分磨きをすると
いいでしょう。おごらずに謙虚な姿勢
を心がけることで、いい出会いにめ
ぐまれます。

過去・現在・未来の流れを知りたい

スリー・カード

3枚のカードで過去・現在・未来を占います。
具体的な問題や悩みなどが時間の流れとともに
どのように変化するのかを知りたい時に使うスプレッドです。

過去 　　　　現在 　　　　未来

\\ ! / /
リーディングのポイント

「現在」と「過去」に出たカードを丁寧に
読み取ることで解決策が見えてくる

スリー・カードは、シンプルでありながら比較的どんなテーマにも対応するオールマイティなスプレッドです。読む時は過去、現在をしっかりと理解したうえでどう未来に向かっていくのかを読み取ります。未来のカードはあくまでこのまま進んだ場合の結果にすぎません。未来は変えられるととらえ、現在と過去のカードを丁寧に読み取ることが大切です。

1. シャッフル&カットをしたら、カードの天地(上下)を決めて山を作ります。
2. カードの山の上から6枚を捨てます。7枚目を上図の ① に置きます。
3. 再度カードの山の上から6枚を捨て、7枚目を上図の ② に置きます。
4. 再度カードの山の上から6枚を捨て、7枚目を上図の ③ に置きます。

各カードの意味

① 過去

過去の状態や、現在の状況を作り出した原因を表しています。

② 現在

現在の状況や気持ち、運気の状態を意味しています。

③ 未来

過去と現在を受けて、近い未来に起こる可能性のあることを表します。

質問例&アドバイス

「自分の運勢はどうなりますか?」「職場の人間関係はこれからどうなる?」「この先、お金を貯めることはできますか?」など、時間の流れと合わせて知りたいことを占います。時間の幅は、「昨日・今日・明日」「先月・今月・来月」など、自分で設定することもできます。特に設定しない場合は、約3カ月の流れを表します。また、未来はあまり先のことではなく、長くても1年先まで(できたら3カ月先くらい)のことを占うのがいいでしょう。

大まかな運気の流れを見たい時に適しているスプレッドです。過去や現在のカードから未来へのアドバイスが読み取ることができたり、未来のカードから現在や過去を振り返ることもできたりするので3枚のカードの流れに注目してください。

将来の夢は、実現できますか？

私にはやりたいことがあります。将来の夢をかなえるためには、どうしたらいいか教えてください。

使用カード　大アルカナ22枚

過去	現在	未来

皇帝	世界（逆）	太陽（逆）

Answer

一度立ち止まり、目標を再確認してみましょう。
心身のパワーを充電することも大切です。

過去に野心やリーダーシップ、目標や欲しいものを自分でつかみ取ることを表す［皇帝］の正位置が出ました。今までは困難があっても、くじけずに向かう姿勢で夢に向かっていたのですね。

しかし、**現在**に不完全燃焼の状態を表す逆位置の［世界］が出ています。自信とやる気に満ちあふれていた以前と比べて、今は思ったように物事が進まず、心が折れそうになっ

ていませんか？

未来に出た［太陽］の逆位置は、パワー不足や頑張ったことへの見返りが少ないことの暗示です。

このままでは、夢を見失いそうです。今は、夢をかなえるためのパワーが心身ともに不足している時期と考え、高すぎる目標を設定していないか、方向性を間違えていないか、もう一度立ち止まって考える必要がありそうです。

人間関係が理由で会社を辞めたのですが、
職種を変えるべきでしょうか？

同じ業界に戻ってもその職種が向いているかわかりません。
新しい職種にチャレンジするべきでしょうか？

• 使用カード　大アルカナ22枚 •

過去	現在	未来

力	教皇（逆）	審判

Answer

これまでの経験を生かして新しいことに
チャレンジしてみましょう。

過去に出た［力］の正位置は努力や克服を表しています。

現在にはルールやモラルを表す［教皇］が逆位置に出て、不本意な状況や周りへの不満や欲求を示唆しています。これまで努力して積極的にお仕事に取り組んでいたのに、「こんなはずではなかった」という思いと、今のままでいいのだろうかという思いを抱えてずっと悩んでいたようですね。

未来にターニングポイントや新しいことが始まることを表す［審判］の正位置が出ていることから、過去の経験を生かして、新しく何かを始めてもいいタイミングです。［審判］の正位置には、チャンスをつかむという意味もあるため、温めてきた計画が近いうちに現実になるかもしれません。今できることにベストを尽くしながら、楽しみにその時を待ちましょう。

障害になっていることがわかり、過去・現在・未来が占える

フォー・カード

4枚のカードで占います。スリー・カードと似ていますが、
現在と未来の間に問題／障害が入る点が異なります。
具体的な問題や悩みの解決策を時間の流れとともに
知りたい時に適しています。

過去	現在	問題／障害	未来／結果

\\\ ///
リーディングのポイント

**「問題／障害」のカードは質問や状況によって
読み取り方が変わる大切なカード**

「問題／障害」のカードが増え、何が問題解決の足かせになっているかがわ
かることから、答えが出やすいスプレッドです。「問題／障害」のカードには、
願望が表れることもあり、「自分がこうなりたい」と思っているけれど、そう
なっていないからそれが問題であるともとらえることができます。あまりにも
強い願望の場合にそれが障害になっていることもあるので、質問とカードの
内容によってよく見極める必要があります。

・ 占い方 ・

1. シャッフル&カットをしたら、カードの天地(上下)を決めて山を作ります。
2. カードの山の上から6枚を捨てます。7枚目から図の順番通り、カードを4枚並べます。

・ 各カードの意味 ・

① 過去
過去の状態や、現在の状況を作り出した原因を表しています。

----

② 現在
現在の状況や気持ち、運気の状態を意味しています。

----

③ 問題／障害
乗り越えるべき試練や、よい未来へのアドバイスを表しています。

----

③ 未来／結果
近い未来に起こる可能性のあることを表します。

・ 質問例&アドバイス ・

　「あの人と両想いになれますか?」「友達と海外旅行に行けますか?」「姉とケンカしてしまったけれど、仲直りできますか?」「希望の部署に異動できますか?」など、恋愛、友人、家族、仕事など幅広いテーマを占うことができます。
　時間の経過とともに運気の流れを見ることができ、全体を把握することができます。3枚目のカードは、明るい未来に向けて乗り越えるべき課題、起こりうる障害やその対応策などを表します。未来へのアプローチをより具体的に示してくれます。時間の幅は自分で設定することができます。3カ月～半年以内に設定してみましょう。

妊娠することはできるでしょうか？

40歳で妊活中なのですが、子どもを授かることはできますか。
授かるために、どうしたらいいでしょうか。

• 使用カード　大アルカナ22枚 •

過去	現在	問題／障害	未来／結果

愚者（逆）	女帝（逆）	隠者（逆）	正義（逆）

リーディングのポイント

「未来／結果」のカードが悪くても
「問題／障害」のカードが問題解決のカギに

カードすべてが逆位置で出た場合、「あまり未来は明るくないの
では？」と思いがちですが、そうとは限りません。フォー・カード
では、「問題／障害」のカードをしっかり読み取ると、そこに解決
策が見えてくるはずです。例え「未来／結果」によいカードが出て
いなくても、「問題／障害」と出た部分を掘り起こしてみれば、違
う道が出てくることが。悲観的にならず、アドバイスとして受け取
りましょう。

Answer

パートナーとのコミュニケーションを大切にして、
妊活の方向性の共有を。

過去に出た逆位置の[愚者]は、見て見ぬふりをしたい気持ちや自分勝手に進める姿勢を表します。

現在に依存や押しつけがましい気持ちを表す[女帝]の逆位置が出ています。妊活を進めているものの、子どもをもつことに対して、パートナーと少し考え方のずれがあるのかもしれません。自分だけが頑張っていて、パートナーは真剣に協力してくれていないと感じてはいませんか？

問題／障害には、自分の殻に閉じこもり現実逃避をしたり、周囲のアドバイスを聞き入れないことを意味する[隠者]の逆位置が出ており、あなたが心を閉ざしていることを表しています。あなたが一人で気持ちを抱え込み、パートナーとのコミュニケーションが不足していることが、子どもをもつことへの障害になっている可能性があります。

未来／結果に出た[正義]の逆位置は、意見がかみ合わない、一方通行やすれ違いを表しています。このままではお互いの気持ちが理解できず、すれ違ってしまうことが考えられます。

総合的に見て、今はまだ妊娠のタイミングではないようです。もう一度将来についてパートナーと十分に話し合い、妊活の計画や方向性を共有しましょう。まずは、お互いが望む家族像や家族観をはっきりとさせ、子どもをもつことが本当によいことか、一般的な考え方に流されていないかよく考え、じっくり話し合ってみましょう。

Hint

[隠者]が示すメッセージを受け取って

この相談例の答えのポイントとなるのが[隠者]の逆位置です。このままではうまくいかないことが「未来／結果」に出ていることから[隠者]の逆位置が意味する執着を手放す必要があるようです。現実に目を背けるのをやめて、子どもがいなくても二人で生きていくという選択があるのかどうか考える必要がありそうです。

現在直面している問題の原因と解決策が詳しくわかる

ピラミッド

1列目に1枚、2列目に2枚、3列目に3枚と、
6枚のカードをピラミッドのように並べるスプレッドです。
具体的な問題や悩みの原因や解決策を知りたい時に適しています。

未来／結果

解決への導き1

解決への導き2

現状

現状となった原因

過去／過程

占い方

1. シャッフル＆カットをしたら、カードの天地(上下)を決めて山を作ります。
2. カードの山の上から6枚を捨てます。7枚目から図の順番通りに、カードを6枚並べます。

各カードの意味

① 現状
現在の状況を表します。

② 現状となった原因
現在の状況を作り出した原因を表しています。

③ 過去／過程
現在の状況となるまでの変化やその過程を表しています。

④ 解決への導き1
現状を打破するための具体的な解決策を示しています。

⑤ 解決への導き2
現状を打破するための具体的な解決策を示しています。

⑥ 未来／結果
最終的な行動指針やこれからの予測を意味しています。

質問例＆アドバイス

　「就職することができますか?」「子どもの反抗期、どうしたらいいですか?」「仕事へのモチベーションを上げるには?」など、具体的な悩みや問題を解決するのに適したスプレッドで、どんなテーマにも使えます。意味は各段ごとでとらえましょう。まず、下段は「現状」です。中段は「解決へのヒント」で、解決策を示すカードが2枚あることが特徴です。2枚のカードをそれぞれ別の角度から考えることもできますし、2枚のカードを合わせて解決策を導くこともできます。上段は「最終結果」を表します。具体的にどうするべきかという行動指針や、状況がどう変わっていくかという予測です。

引っ越しをするべきでしょうか？

家を建てましたが、欠陥があることがわかり、
住み心地がよくありません。
新しいところに引っ越しをするべきでしょうか。

・ 使用カード　大アルカナ22枚 ・

未来／結果

星

解決への導き1　　解決への導き2

戦車　　　　　　正義（逆）

現状　　　　現状となった原因　　過去／過程

吊るされた男（逆）　　女帝（逆）　　　運命の輪

Answer

今引っ越すのは負け。
念願のマイホームにするための戦いを。

現状に出た［吊るされた男］は逆位置で、現状に対してのもどかしさや投げやりな気持ちを表します。

さらに、**現状となった原因**に想像と違ったことに居心地の悪さを感じる［女帝］の逆位置が出ています。欠陥住宅ということがわかり、投げやりになっている様子が伺えます。今のあなたは少し感傷的になっているようです。

しかし、**過去／過程**に出た［運命の輪］の正位置は、チャンス到来やタイミングを示しているので、引っ越しをしたのはかなりよいタイミングだったと思います。

解決への導き1に出た［戦車］の正位置は、勝利や念願のものを手に入れることを表し、**解決への導き2**には泣き寝入りはやめたほうがよいことを

示す［正義］の逆位置が出ています。ハウスメーカーや工務店に不具合があることをしっかりと伝えて、修繕してもらいましょう。きちんと対応されないなら、消費生活センターに相談してもいいですし、裁判をしてでもしっかりと不具合を直してもらいましょう。念願のマイホームを手放すべきではありません。

未来／結果には［星］の正位置が出て、少しずつよくなっていくことを表しています。諦めずに戦うことで、自分が手に入れたかった住み心地のよい家が手に入るはずです。［星］には支持や支援してくれる人が現れるという意味もあるため、一緒に戦ってくれる協力者が現れてよりスムーズに問題は解決するかもしれません。

Hint

［戦車］と［正義］が戦いを後押し

ピラミッドは「解決への導き」が２つある親切なスプレッドです。今回の例題の「解決への導き」には［戦車］の正位置と［正義］の逆位置が出ていることから、不正と戦うべきというメッセージが強く感じられ、今の家を住みやすくするためにはそれが不可欠であるということがよくわかります。

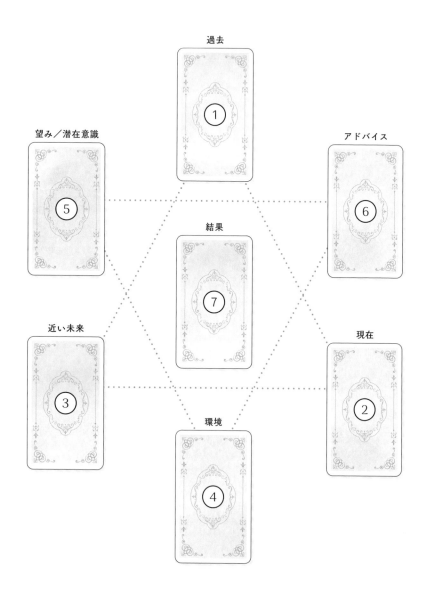

タロット占いの王道。全般的に各方面から占う

ヘキサグラム

7枚のカードを使います。上向きの三角形と下向きの三角形を
合わせた「六芒星」の形をしています。何らかの問題について、
詳しく知りたい場合や、特定の相手との人間関係を占うのに向いています。

過去

①

望み／潜在意識

⑤

アドバイス

⑥

結果

⑦

近い未来

③

現在

②

環境

④

占い方

1. シャッフル＆カットをしたら、カードの天地(上下)を決めて山を作ります。
2. 図の順番通りにカードを7枚並べます。 ❶ と ❹ に並べる時は、カードの山の上から6枚捨てて7枚目から並べます。

各カードの意味

❶ 過去
過去の状況を表します。現在の問題点につながる視点があるかもしれません。

❷ 現在
現在の状況を表します。人間関係では「お互いの感情」を表します。

❸ 近い未来
近い未来の状況を表します。

❹ 環境
これまでの環境や未来に向けたアドバイスを意味します。

❺ 望み／潜在意識
解決への望みを表します。人間関係では「相手の状況や気持ち」を意味します。

❻ アドバイス
問題点への対策を表します。人間関係では「自分の状況や気持ち」です。

❼ 結果
全体を表すカードです。結果を意味します。

質問例＆アドバイス

　「会社の上司との関係を良好にするには?」「片想い中の人とつき合うことはできるでしょうか?」「すれちがった夫婦関係を改善するには?」など、何か具体的な問題があり、解決法を詳しく知りたい場合に向いています。また、恋愛の行方や、特定の人との相性やトラブルの解決法など人間関係を占うことに向いています。

　1〜3枚目の上向きの三角形は「時間の流れ」を表します。4〜6枚目の下向きの三角形は「解釈」を表し、中央の7枚目は「全体の結果」について表します。恋愛関係を含めた人間関係全般に応用できます。カードそのものの意味を大切にしつつ、流れや共通のモチーフなどにもぜひ注目してみてください。

将来、お金に困らないか心配です。

貯金ができません。お金の不安が頭を離れず、
疲れてしまうのですが、どうしたらいいでしょうか？

・ 使用カード　大アルカナ22枚 ・

望み／潜在意識

世界（逆）

過去

太陽（逆）

アドバイス

戦車（逆）

結果

女帝

近い未来

皇帝（逆）

現在

悪魔（逆）

環境

死神（逆）

収支のバランスを見直し、
対策をすることでお金との関係がよいものに。

過去に浪費や自分の甘い考えを表す[太陽]の逆位置が出ました。これまでは、経済観念が薄かったようです。買い過ぎたと思っても、その場に流されてお金を使っていたのではないでしょうか。

しかし、**現在**に出た[悪魔]の逆位置は、自分自身に原因があることに気づいたり、執着がなくなったりすることを意味します。過去には浪費家だったあなたも、最近ではこのままではいけないと気づき始めたようです。

近い未来に出た[皇帝]の逆位置は、傲慢さやどんなにお金があっても浪費して無くなることを暗示しています。

さらに**環境**には[死神]の逆位置が出て未練や同じことの繰り返しを意味することから、このまま今までのように過ごしていてはそのうち立ち行かなくなりそうです。

望み／潜在意識に出た[世界]の逆位置は、状況が180度変わることを表し、今の状況をガラリと変えたいというあなたの思いが汲み取れます。

そして、**アドバイス**に出た[戦車]は、逆位置で節約などの計画になげやりになったり、見直しが必要になったりすることを表しています。

今から気持ちを入れ替えて、収支バランスを見直してみましょう。貯金や投資など身近でできることから始めるのがよさそうです。

結果は[女帝]の正位置で物質的な満足や豊かさを表すことから、しっかりと対策することで安定し、お金とよい関係を築けるようになるでしょう。

Hint

問題の解決策は逆三角形を参考に

逆位置が多く、全体的な印象として金運があまりよくないことがわかります。ヘキサグラムの場合、「望み／潜在意識」「アドバイス」「環境」の逆三角形から解決策を探ります。今回の相談例の場合はすぐに好転することはないものの、節約などをコツコツ続けることで安定した幸せが待っていることを表しています。

2

章

基本の7つの占い方

人を占う時に気をつけたい
3つの基本

タロット占いは感性の占い。カードのメッセージを正しく伝えつつ、
相手の気持ちに寄り添うことが大切です。

人それぞれ、いろいろなお悩みがありますが、どんな内容であっても、
カードのメッセージを「どう伝えるか」は、占う側のセンスにかかっています。

相手の具体的な状況をできるだけ聞いておく

カードが何を意味しているかがピンとこない場合には、「こういう意味の
カードが出ていますが、何か心当たりはありますか」と相手に聞いてみる
のもいいでしょう。出たカードには必ず意味があるからです。はじめのうち
は、結果を読み解くのが、なかなか難しいのですが、正しく読み取ること
ができれば、とても当たるのがタロットなのです。

自分の価値観を押しつけない

結果を伝える時に、自分の価値観が、無意識のうちに入り込んでしま
う懸念があるということも覚えておきましょう。例えば、不倫の相談を受
けた時に、「よくないこと」と思っている人はやめたほうがよいというかも
しれませんし、「出会いのひとつ」と考えている人は、新しい恋愛が始ま
りますねと前向きな伝え方をするかもしれません。

相手の気持ちに寄り添い前向きなメッセージを

カードの意味を素直に伝えることは大切ですが、もし結果がよくなかっ
たとしても、「よくないですね、諦めましょう」と伝えるか、「厳しそうなので、
こうしてみたらどうですか」と伝えるのとでは受け手側にまったく違う印象
を与えます。タロットカードが示すのは「このまま進むとこうなる」というこ
となので、未来はいくらでも変わります。人を占う時には、明るい未来を
迎えられるように、できるだけ前向きなメッセージを伝えたいものです。

3 章

小アルカナ
56枚の解説

4つのスート（シンボル）で構成される
小アルカナのカードの絵柄や意味を知ると
タロットへの興味がさらに広がります。

小アルカナの基本

小アルカナは、より日常的な風景が描かれた数札と人物札からなる56枚のカード。
数・人物・スート（シンボル）、それぞれの意味や特徴を組み合わせて解釈しましょう。

※本来は逆位置の意味もありますが、本書は初心者向けなのですべて正位置として読み取ります。

より繊細で身近な事象が描かれた56枚のカード

　タロットカード全78枚のうち、大アルカナ22枚を除いた56枚が小アルカナのカードです。トランプのようにワンド（棒）・カップ（杯）・ソード（剣）・ペンタクル（金貨）の4種類の「スート（シンボル）」に14枚ずつ分かれており、そのうちA（エース）から10の「ヌーメラルカード」と呼ばれる数札が10枚、ペイジ・ナイト・クイーン・キングが描かれた「コートカード」と呼ばれる人物札が4枚のセットになっています。

　神秘的で多くの暗示的な絵が描かれる大アルカナに比べ、人々の日常がありのまま登場する小アルカナは、より共感しやすいカードといえるでしょう。

　タロット占いでは、1を表すAから10までの数字、クイーンやキングなど人物、さらに4種類のスート（p.100）がそれぞれ意味や特性をもち、それらを組み合わせて読み取ります。56枚すべての意味を覚えなくても、各数字や人物、スートの特徴をかけ合わせることで、大まかな意味を導き出すこともできます。

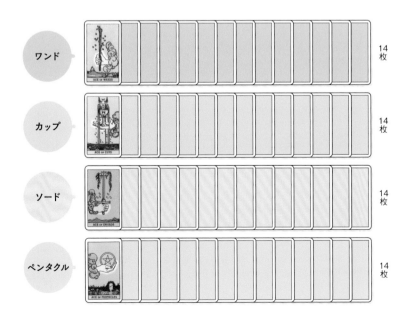

ワンド　　14枚

カップ　　14枚

ソード　　14枚

ペンタクル　　14枚

スートとは万物を構成する
四大元素のシンボル

スートはこの世を構成している四大元素のシンボルで、それぞれ特徴的な性質をもちます。ワンドは火の象徴で「情熱・エネルギー」を表し、カップは水で「感情・愛情・情緒」、ソードは風で「思考・知識」、ペンタクルは地で「物質・金銭」を表します。

各シンボルは対立やサポートをしながら、お互い影響を与え合う関係。例えば火と水は打ち消し合って対立しますが、風は火が燃え上がるのを助け、水は地を潤すなど、力関係や相性がわかると解釈がしやすくなります。

四大要素の相互関係

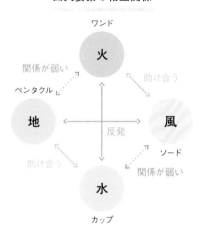

ヌーメラルカードは数字の札
コートカードは人物が描かれた札

Aから10までの数札「ヌーメラルカード」は、ユダヤ神秘思想の「カバラ」に基づいて、それぞれの数字に意味をもたせています（p.158〜160）。人物札「コートカード」は、ペイジは未成年を、ナイトは若者、クイーンは女性、キングは男性を表していて、これから出会う人物や内面的な性格を示すこともあります（p.161）。ちなみにコートとは「宮廷」の意味です。

これらの数字の意味や人物像を、さらにスートのシンボルの特徴と組み合わせると、より深い読み取りにつながります。

10枚

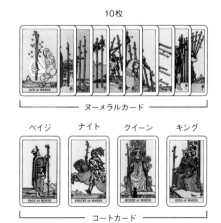

99

4つのスート

小アルカナの大きな特徴である4つのスートは、
この世を構成する四大元素の火・水・風・地の性質をもちながら、
それぞれ人間を動かす4つの原理にもつながっています。

WAND [ワンド]

もっともエネルギーに満ちた
純粋かつ情熱的なシンボル

　「火」を象徴するワンド(棒)は、トランプのクラブにあたるシンボル。人類が最初に手にした棒や杖は、敵や獲物に立ち向かう時や火をおこす際にも使われ、もっとも原始的でシンプルな道具と考えられます。[ワンド]は、純粋なエネルギーやパワフルさ、生命力、情熱、行動力などの前に進む強い力を象徴しています。迷いがある時、誰かに背中を押してほしい時は味方になってくれるカードです。

CUP [カップ]

揺れ動く水を受け止める
愛情や情動の象徴

　「水」を象徴するカップ(杯)は、トランプのハートにあたるシンボル。水は器によって自由に形を変えることから、まるで人の心を表すかのようです。カップは愛情や感情、情動の象徴とされ、同時にそれを受け止める受容、癒やしなどを意味しています。[カップ]は愛情や感情、優しさなど純粋で温かい心の動きを表しており、同時に芸術性や美的センスを示すこともあります。

SWORD [ソード]

知恵や思考の象徴である
剣がもつ、強さや正義を表す

風

「風」を象徴するソード（剣）は、トランプのスペードにあたるシンボル。木の枝を切り出したワンドに対し、ソードは人の知恵や技術を駆使して作られた道具です。このことからソードは知性や言語、思考など人間社会の進化そのものを象徴しています。また武器でもある［ソード］は相手を傷つけてしまう危険もはらんでおり、文明や知性も使い方次第で便利にも危うくもなると示しているのです。

PENTACLE [ペンタクル]

物質的価値や地位など
目に見える豊かさを表現

地

「地」を象徴するペンタクル（金貨）は、トランプのダイヤにあたるシンボル。「コイン」とも呼ばれ、金銭、財産、仕事、地位、技術など生きるうえで必要な物質的・実質的なものを象徴しています。人はお金を生み出してさまざまなものと交換しながら、地に足をつけて生活を成り立たせてきました。［ペンタクル］では人々が懸命に生き、喜怒哀楽を表す様子をリアルに表しています。

ワンドのA
ACE of WANDS

はじけるエネルギーで物語が動き出す

情熱や生命力を象徴するワンド(棒)を、大きな手が力強く握りしめています。神のものとも思える手は光り輝き、ワンドからも緑の葉が芽吹いて、これから始まる物語や創造のエネルギーを期待させます。ゼロから何かを創り出す、情熱を傾けられる目標を見つけるなど、力強いスタートが切れることを示唆しています。

カードが示すメッセージ
Message

Keyword >>> 情熱的な始まり

創造／出発／純粋さ／情熱／直感／誕生／エネルギー／やる気／スタート

現在／結果	目標に向かって突き進む／意欲的に物事を進められる／バイタリティーあふれる／モチベーションを保つ／新たなステージへの挑戦	未来	新天地で好転する前兆／新しいことをスタートさせる／目標を達成するチャンスが巡ってくる／人生の転機／新たな出会い／誕生
過去／原因	直感がさえる／ポジティブな考えが湧き出す／どれか1つにしぼれない／アイディアが具体的な計画にまとまらない／目移りする	アドバイス	頭でっかちにならない／失敗を恐れず行動に移す／情熱をもって取り組む／自分の直感を信じる／堂々とした態度でいる
恋愛	恋愛に情熱を燃やす／周りが見えなくなるほどのめり込む／結婚で幸せをつかみ取る	対人	気さくな対応を心がける／交流を広げる／まめな連絡／友情を育む／人間関係の円満
仕事	やる気に満ちあふれる／チームが団結する／仕事がスムーズに進む／優れた企画力がカギ	お金	収入アップ／目標達成のためにお金を貯める／節約術を身につける／創造力に恵まれる

ラッキーアイテム&アクション

Lucky color
パール
ホワイト

真珠に由来する気品高い白。ワンポイントでも効果あり。

Power Stone
ガーネット

勇気と希望、エネルギーがアップし勝利や成功を招きます。

ワンドの2
TWO of WANDS

「進むべきか止まるべきか」の葛藤

赤い帽子とマントを着た男性が、地球儀とワンドを持って城のような場所から遠くを見渡しています。高い場所で地球儀を手にする姿は、成功を手にしながら、次なる野望に思いを馳せているように見えます。「進むべきか止まるべきか」「理性か感情か」2つの選択肢の間で、迷い苦悩する心を表すかのようです。

カードが示すメッセージ
Message

Keyword ››› さらなる高みへ

選択／指導力の発揮／遠くを見通す／躊躇／強い影響力／社会的成功

現在／結果	現状からの脱却／目標達成へ着実に歩みを進める／満足のいく環境を目指す／成功のきっかけをつかめる兆候／チャンスに恵まれる	未来	物事を実行に移す／リーダーシップを発揮する／目標達成による結果が自信につながる／さらなる飛躍を目指して願望が芽生える
過去／原因	目的を明確にする／方向性を定める／自分の力を過信する／誤った認識／大きな影響力に気づいていない／視野を広げるタイミング	アドバイス	自分の努力を認める／周りにも目を向けることで道が開ける／責任や義務に向き合う／胸を張って自信をもつ／目標は高く設定する
恋愛	意中の相手とのデートにこぎつける／予想外の相手からの告白／真剣交際／将来を見据える恋	対人	切磋琢磨できる仲／自信に満ちた人／将来性を感じる人／贈り物で親交を深める／深い友情
仕事	成果を上げる／評価に見合ったポジションを得られる／新たな道を切り開く／計画を練る	お金	くじ運がアップ／資金調達がはかどる／思いがけない収入／協力者が集う

ラッキーアイテム&アクション

Lucky color
ダークレッド

深みのある赤で、内面に秘める情熱が呼び起こされます。

Power Stone
ラピスラズリ

目に見えないマイナスエネルギーから守ってくれます。

ワンドの3
THREE of WANDS

次なる計画に向けて動く時

金色に輝く空と海原を前に、高台に立つ男性が描かれています。大きな荷物を積んで行き来する船は彼のものと見られ、彼の仕事が成果を挙げていることを示しています。このカードは、「新たな目標」「計画の実行」「協力者の出現」など、用意周到に次へ踏み出すタイミングが来ていることを暗示しています。

カードが示すメッセージ
Message

Keyword ›› 大いなる前進

結果／期待感／理想を追い求める／目標へ進む／一定の成果が出る／展望

現在／結果	さらなる飛躍が予想される／事業拡大／吉報を待つ／期待が高まる／協力を獲得するチャンス／アクションを起こす時は計画的に	未来	うれしい知らせ／起こした行動が実を結ぶ／念願の結果を得られる／協力者が現れる／パートナーとの良好な関係
過去／原因	綿密過ぎる計画／タイミングの不一致／スムーズなサポートを得られない／きっかけをつかめず手探りの状態／物事の滞りを感じる	アドバイス	ポジティブシンキングを心がける／物事のよい面に目を向ける／サポーター探しをスタートする／培った経験を無駄にせず生かす
恋愛	好きな人と結ばれる／愛情を深める／新しい恋のチャンス／結婚に発展する恋	対人	意気投合する仲／団結力が成功のカギ／円滑なチームワーク／よき協力者との出会い
仕事	ビジネスチャンス／融資を獲得する／新事業の展開／新たな契約／協力者が現れる	お金	目標預金額を達成する兆し／努力の末に富を手にする／新たな目標に向けて貯金を開始

ラッキーアイテム＆アクション

Lucky color
リーフ
グリーン

新芽のような緑。若さや成長をイメージさせ前向きな気分に。

Power Stone
クリソプレーズ

目標に向けてやるべきことがクリアになり、勝負運アップ。

ワンドの4
FOUR of WANDS

ひと区切りをつけて休息を

4本のワンドには果実や植物が飾りつけられ、その向こうには歓迎するように花を掲げる二人の人物が描かれています。これまで努力してきたことや、取り組んできた仕事がひと段落し、一定の成果が出て休息する時期であることを示しています。次に進むには、ここで一度リラックスして英気を養うことも必要です。

カードが示すメッセージ
Message

Keyword ›› 心安らぐ実りの時

安定／心の安らぎ／精神的な喜び／充実／自由／ひと区切り／平和な日常

現在／結果	順風満帆／悩みの種が消失／肩の力が抜いてひと息つける／よい出会いに恵まれる／うれしい出来事が起きる／和やかなムード	未来	一定の成果が表れる／実りの時期を迎えてひと段落する／達成感を得る／人の幸せを素直に喜べる／祝福する気持ち／安らぎの日々
過去／原因	物事が次々に発展する／安心し過ぎている／「うまくいっている」という決めつけ／都合のよい思い込み／解放感からの油断	アドバイス	自分らしいことで気分転換をする／適度な休息でリフレッシュ／考えがまとまらない時は無理をしない／気分を落ち着ける
恋愛	新しい恋の始まり／穏やかに進む恋／結婚式に縁あり／一緒にいて安心する相手	対人	ありのままの自分でいられる／和気あいあいとした関係／ピンチをかばってくれる人
仕事	目標を無事達成する／仕事の充実／満足のいく業務内容／長期休暇の取得／仕事環境の安定	お金	順調に収入がアップ／うれしい臨時収入やボーナスの見込み／思いがけず得をする

ラッキーアイテム&アクション

 Lucky color
ローズピンク
人に対して積極的になり行動力もアップ。新しい挑戦にも◎

 Power Stone
アメトリン
富と繁栄をもたらす石。金銭や人間関係のトラブルも解決へ。

ワンドの5
FIVE of WANDS

争いも辞さない切磋琢磨

5人の人物がそれぞれのワンドを振り上げて、戦っている様子が描かれています。彼らは服装も見ている方向もそれぞれですが、悪意や憎悪は感じられません。このカードは、向上心や主義主張のための切磋琢磨を表しているとも読み取れます。戦いの結果は、自らを鼓舞するものなのか徒労感だけが残るのか、受け取り方次第です。

カードが示すメッセージ
Message

Keyword >>> 意欲に燃えた戦い

対立／試練／主張／内部分裂／不毛な争い／現状に満足しない／議論

現在・結果	戦いによって成功を勝ち取る／ゆずれないこだわりを持つ／変化を受け入れる／勝敗が決まる／本音でぶつかり合うタイミング	未来	ステップアップの可能性／次のステージへの渇望／たゆまぬ努力／よきライバルの出現／切磋琢磨できる関係性／グループ内競争
過去・原因	現状に満足しない／さらなる高みを目指して奮起する／気遣いの乏しさ／率直過ぎる言い方／実力が伴わない／落ち着きのなさ	アドバイス	はっきりとした主張で存分に自己アピール／ストレートな意見が相手に届きやすい／シンプルな言葉選び／チャレンジ精神旺盛に
恋愛	恋の相手が複数現れる／雨降って地固まる／結婚相手に妥協を許さない／略奪愛の予感	対人	白熱する議論／意見の対立でもめ事に発展／小さな争いが生じる恐れ／遠慮不要な仲
仕事	企画を通すために奮闘する／会議やプレゼンで存在感を見せつける／有益な意見交換	お金	お金に対して貪欲になる／賃金アップのための闘争／理想と現実のギャップに葛藤する

ラッキーアイテム＆アクション

 Lucky color
パープル

感情を抑える効果があり、心を落ち着かせてくれます。

 Power Stone
パイライト

情報のアンテナがさえ仕事運アップ。負の波も跳ね返します。

ワンドの6
SIX of WANDS

勝利の知らせを受け取る時

赤い服の男性が、頭とワンドの先に月桂樹（げっけいじゅ）のリースをつけて白馬にまたがっています。多くの人を従えている男性は、勝利の行進をしているのでしょう。これは周囲から認める、うれしい知らせがもたらされる予兆です。しかし努力を怠たれば、首から下を布で隠した張りぼてのウマのように、正体を暴かれてしまいます。

カードが示すメッセージ
Message

Keyword >>> 周囲を導く力

リードする／成功／主導権／努力が報われる／朗報／チームワーク／競り勝つ

現在／結果	クリアな目標を1つ立てて達成感を得る／満足感に包まれる／心が満たされる／ステップアップ／うれしいニュースが届く前触れ	未来	競争に勝利し有利な立場に立てる／好条件のポジションを得る／自分流を貫いて成功を収める／関心を集める／ルールにとらわれない
過去／原因	主導権を握って思うままに物事を進める／意思に反して悪目立ちする／称賛がねたみの種になる／自意識過剰／自己満足	アドバイス	周りの協力があってこそ成し遂げられる／一致団結がカギ／リーダーシップを発揮する／何事も自信をもって取り組む
恋愛	恋愛が成就する／ライバルに打ち勝ち愛を獲得／順調に発展する恋／高嶺の花	対人	協力し合える／リーダーに推薦される／いいチームができる／仲間が増える／友情
仕事	大きな商談を成立させる／満足できる成果を出す／重要なポストにつき活躍する	お金	パトロンからの潤沢な援助／金銭面での心配事がなくなる／予定金額を貯められる

ラッキーアイテム&アクション

Lucky color
オリーブ
グリーン

協調や調和を引き寄せ、仲間との信頼関係が深まります。

Power Stone
ルチルクォーツ

金運アップに効果大。知識や人脈を集め、品格も高めます。

ワンドの7
SEVEN of WANDS

戦い続けることで現状を保つ

男性がワンドを持ち、足元から迫る6本のワンドに対抗している姿が描かれています。他のワンドが男性に届かないことから、周囲から少し高い位置にいることがわかります。これは、ひるまずに奮闘することで現在の優位な立場を守れること、目標達成できることを表しています。忙しくなることの暗示でもあります。

カードが示すメッセージ
Message

Keyword >>> 有利な立場を生かす

闘志／優位な立場／孤軍奮闘／必死／守りの固さ／現状維持／多忙を極める

現在／結果	勝負をしかける絶好のチャンス／ひるまず立ち向かう／自分の主張をきちんと通せる状態／妥協を許さず信念を貫く／確信をもつ	未来	有利な状態にもち込める／自分の立場を守り抜く／周りを従わせる／自由に決定を下せる／目標を達成できる／全体の指揮を取る
過去／原因	宝の持ち腐れ／有利な状況を過信している／自分の立場の不安から状況を進展させられない／主導権を生かし切れない	アドバイス	自分の才能を信じること／周囲の人を味方につけて大きな力を得る／立場を利用して有利に物事を進める／権限を惜しみなく使う
恋愛	熱烈なアプローチが相手の心を動かす／失恋を恐れない強い心／恋愛や結婚に妥協しない	対人	状況に関係なくやるべきことを進める／会話をリードし立場を守る／譲れないものをもつ
仕事	ポジションを守る／信念をもって仕事をする／契約や交渉事では粘り強く駆け引きを	お金	安定した収入のため働く／現状維持／今の収入で満足する／買い物に無理は厳禁

ラッキーアイテム&アクション

Lucky color
インディゴ
ブルー

思慮深さを表す深い藍色。内面を見つめ直し真実を見極めて。

Power Stone
タンザナイト

思考がクリアになり、問題解決など進む方向が見えてきます。

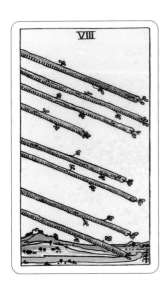

ワンドの8
EIGHT of WANDS

急変する状況に追いつこう

のどかな田園風景を遮るように、8本のワンドが横切る様子が描かれています。このカードは人物が描かれておらず、急激に状況が変わること、またそれに反応していく必要性を示しています。ワンドが上に動いて見える（先に進む）のか、下に着地（終着）するように見えるかによっても判断が分かれます。

カードが示すメッセージ
Message

Keyword >>> スピーディーな変化

急展開／急速な動き／目まぐるしさ／加速／予想外のチャンス／機会をとらえる

現在／結果	あっという間に事態が進展する／物事の急速な流れ／絶えまない変化にたじろがない／あらゆることが好転する兆し／身を任せる	未来	問題をクリアにできる／物事が発展していく／うれしい展開を迎える／一気に物事が進み決定を急がれる／道が切り開かれる
過去／原因	絶好のチャンス／急展開に混乱する／勢いに飲み込まれる／さまざまな課題が発生する／対応方法を誤る／気持ちの切り替え	アドバイス	迷いは捨て去る／思い切って飛び込む／自分のツキを信じて進む／状況に身をゆだねる／出来事に逆らわない／素直な心持ちで
恋愛	一目ぼれから始まる恋／急展開に恋愛が進む／みるみる深い関係に／電撃入籍の可能性	対人	級友から突然の連絡／意気投合し急速に仲が深まる／周囲との関係に変化が生まれる
仕事	転勤話が舞い込む／大出世のチャンス到来／猛スピードではかどる／売り上げアップ	お金	持ち株で利益が出る／一刻も早く行動に移す／どんどんお金が貯まる／突然の入金

ラッキーアイテム＆アクション

 Lucky color 抹茶色
ぶれない心で目標達成のためにひたむきに進む力が宿ります。

 Power Stone アマゾナイト
自分に自信をもたせます。周りと比べてしまいがちな人に◎

ワンドの9
NINE of WANDS

ピンチに備える気概が大切

男性が1本のワンドにもたれかかるようにしながら、何かを待ち構えるような、敵の襲来を警戒するような表情を浮かべています。後ろにはズラリと並べられた8本のワンド。防御や戦いの準備を進め、最後まで守り抜こうとする意志を感じます。動きが鈍く攻撃力は低くなりますが、腰を据えて防衛に徹する時です。

カードが示すメッセージ
Message

Keyword >>> 敵に屈しない心

警戒／防御／抵抗／用意周到／遅延／機会をうかがう／人事を尽くす

現在／結果	現状を打破すべくあらゆる手を尽くす／形勢逆転のチャンスをうかがう時期／未来に備えて準備が必要／警戒すべき状況	未来	ピンチに向き合い跳ねのける／現状で踏ん張り解決の糸口を探る／諦めない心／過去の経験が生きる／万全の準備が整う
過去／原因	物事の見通しが立たず動けない／思うように進展しない／問題解決を先延ばしにしている／用心深さがあだとなり身動きがとれない	アドバイス	用意周到に備えておく／これまでの経験を糧にして／失敗をばねにする／古傷に注意／病気の治療はなるべく早めに済ませる
恋愛	妥協せず守り抜く恋／あなどれない相手／トラブルに耐える／苦しい結婚生活／不信感をもつ	対人	安易にグループを抜けられない／トラブル解決に全力を尽くす／プレッシャーを感じる相手
仕事	厳しい状況下でも手を尽くす／自分のやり方を貫き通す／事態の想定と現状把握が重要	お金	収入源に限界を感じるがもちこたえる／苦しい状況でも妥協を許さない／生活レベルの維持

ラッキーアイテム&アクション

Lucky color
チャコールグレー

自立心をアップ。強い意志やぶれない心を保ちます。

Power Stone
カイヤナイト

持つ人の直観力や洞察力が高まり、危険から身を守ります。

ワンドの10
TEN of WANDS

重圧を抱えながらも前に進む

10本のワンドを抱えて、はるか向こうの街へと運ぼうとする男性が描かれています。前を見ることもできず、一心不乱にワンドを運ぶ男性からは、重圧の大きさやプレッシャー、責任感を感じます。このカードは、自分の意志で荷の重い仕事を引き受けてしまうことを示しており、頑張り過ぎへの警告とも解釈できます。

カードが示すメッセージ
Message

Keyword　>>>　プレッシャーとの戦い

重圧／苦労／社会的責任／負担の大きい仕事／力量不足／歩みを止めず進む

現在／結果	手一杯の状況でも助けを求めない／疲れ切っている／課題を抱え込み身動きが取れない／余裕がない／プレッシャーでつぶされそう	未来	粘り勝ち／苦労の末に目的をやり遂げる／頑張り過ぎてオーバーヒート／自分だけで解決しようとしない／他人の助けが必要に
過去／原因	前途多難が予想される状況／少しずつ負担が大きくなっている／あれこれ手を出し収拾がつかない／真面目さがあだとなる	アドバイス	周囲への相談で道が開ける／心が軽くなる／役割分担で効率よく進める／事故の予防／力不足を感じるなら降りる／あれこれ応じない
恋愛	精神がすり減らされる恋愛／続けるのがつらい恋／責任を負わされる結婚／悪戦苦闘	対人	過度な期待にストレスを感じる／無理難題を押しつけられる／逃れようのない責任
仕事	プレッシャーがかかる仕事／オーバーワーク／責任感から仕事を抱え込む／がんじがらめ	お金	資金繰りのために駆け回る／返せる見込みのない借金／達成が未知数な計画を立てる

ラッキーアイテム&アクション

Lucky color
パステル
ピンク

充実感にあふれ自然と優しい気持ちに。女性らしさアップ。

Power Stone
シトリン

プレッシャーに勝つ強い心をサポート。不安の解消に。

ワンドのペイジ

PAGE of WANDS

若い使者からのよい知らせ

ピラミッドを背景に、若い男性がワンドの先を見つめています。火の精霊・サラマンダーが描かれた服を着て、旅の途中のように見える男性は、何かの知らせをもたらす者。意気揚々とした様子から明るいよい知らせを感じさせますが、未熟で経験が浅い若者なだけに、時には熟年者の知恵を借りる必要があります。

カードが示すメッセージ

Message

Keyword >>> 将来への期待

うれしい情報／未来への一歩／信頼できる人物／優秀な後輩／実現への熱意

現在・結果	向上心をもって前進する／やる気が湧き出る／高いモチベーション／今後の未来を左右するチャンスがやってくる／順調に進んでいる	
過去・原因	大きな野望を抱く／情熱に突き動かされる／盲目になっている／子どものように夢見がちな状態／単純で未熟な考え方／浅はか	
恋愛	新たな出会い／年下の相手／友達同士のような明るくフレッシュな関係／恋愛を楽しむ	
仕事	集中力が高まり仕事がはかどる／前向きな姿勢をキープ／野心を抱く／海外に展開	

未来	朗報を受け取れる／知りたいことを教えてもらえる／チャンスが巡ってくる／本調子が出てくる／エネルギッシュに行動できる
アドバイス	目の前にあることに向き合って／余計なことに考えを巡らせない／素直な気持ちで物事を受け止める／よくも悪くも聞く耳をもつ
対人	朗らかな姿に仲間が集まる／向上心を刺激し合える友情／信頼関係の形成／楽しい会話
お金	自分への出費を惜しまない／ステップアップを目指して投資する／金銭面でのよい知らせ

ラッキーアイテム＆アクション

Lucky color
テラコッタ

土器の色に由来。地に足がつき、堅実で安定した印象に。

Power Stone
サンストーン

強い力で新しい流れを作り、統率力や信頼度がアップ！

ワンドのナイト
KNIGHT of WANDS

情熱的な騎士の向かう先

気性が激しそうなウマにまたがり甲冑をつけた騎士が、いざ出発しようとしています。躍動感たっぷりに描かれたオレンジ色のウマは、彼の情熱や性急な性格を表しています。目的に向かって脇目もふらず邁進し、意欲的に行動できる時期ですが、独断的になって周囲の反感を買ったり、移り気になったりしないよう注意が必要です。

カードが示すメッセージ
Message

Keyword >>> 挑戦への意欲

新たな出発／衝動的／情熱／向上心／猪突猛進／現状打開／熱しやすく冷めやすい

現在／結果	新天地を目指す時／転勤や異動の可能性／希望を抱く／エネルギッシュに行動する／闘志を燃やす／不思議な縁に引き寄せられる	未来	情熱を宿したまま行動に移す／影響力をもつ人との出会い／チャレンジ精神旺盛になる／一カ所にとどまらずあちこち出向く
過去／原因	冒険心に突き動かされる／行動したいと意欲的になる／気合十分／熱意に反して計画性がない／無鉄砲／考えることを避けている	アドバイス	後先考えない／体力があるうちに行動スタート／心機一転がカギ／周りに伝わるほどの熱意をもつ／失敗を恐れない
恋愛	ありのままの気持ちを素直にぶつける／積極的にアプローチ／旅行先での出会い	対人	ノリが合う相手／旅行など仲間同士で盛り上がる／急に意気投合／積極的に近づく
仕事	新規事業にチャレンジ／営業にツキあり／ライバルとしのぎを削って勝利を収める	お金	後先考えずお金を使う／その場の勢いに任せて支払う恐れ／目標金額達成に力を尽くす

ラッキーアイテム＆アクション

Lucky color
ターコイズ
ブルー

親しみやすさが生まれ、コミュニケーション力がアップ。

Power Stone
ペリドット

新しい自分の道を見つけ、負の感情から解放してくれます。

ワンドのクイーン

QUEEN of WANDS

周囲を巻き込む朗らかさ

右手にワンドを、左手にヒマワリを持った女王が玉座に座っています。生命力や朗らかさを象徴するヒマワリと足を大きく開いた座り方から、彼女が情熱的で行動力のある女王であることがわかります。包容力や面倒見のよさなど、優しさや柔らかさに注目が集まる兆し。ただし感情的過ぎる行動には注意が必要です。

カードが示すメッセージ

Message

Keyword >>> 頼りになる存在

懐の深さ／親切心／情緒豊か／芯の強さ／華やかな魅力／姉御肌

現在／結果	運気によって頼られる／人望を集める／カリスマ性が身につく／社会活動に進んで関わる／本音で話せる／等身大の自分でいられる	未来	周囲に引き立てられる／器の大きさから人から慕われる／頼りにされる／人の痛みに寄り添う／自分の身になって考える
過去／原因	人のためになる行動／役立ちたいと願う／奉仕の精神／何でも自分でできると感じる／羨望の眼差しがねたみを生む／器用貧乏	アドバイス	心にゆとりをもつ／はりきり過ぎない／肩の力を抜く／人の意見をよく聞く／アドバイスに感謝／正しいと思うことをする
恋愛	周りが見えなくなるほどの情熱的な恋／強く引かれる人／相手にあれこれ世話を焼く	対人	前向きな人間関係／明るさをモットーに人と関わる／悩み相談を受ける／信頼を築く
仕事	優秀な業績を収める／効率のよい仕事ぶり／仕事と私生活の両立／やりがいを見出す	お金	必要な収入を得る／金銭面でゆとりが出る／相応の報酬を獲得する／大盤振る舞い

ラッキーアイテム&アクション

 Lucky color
サーモンピンク

包み込むような愛を表し、結婚運や家庭運を引き上げます。

 Power Stone
アクアマリン

パートナーと縁や絆を強め、結婚に導きます。家庭円満に。

ワンドのキング

KING of WANDS

強い影響力で周囲を率いる王

炎の冠や毛皮を身につけた王が、ワンドを持ちサラマンダーと獅子が描かれた玉座に浅く腰掛けています。今にも出陣しそうな雰囲気からは、彼の野心や意欲がうかがい知れ、王者の風格が漂います。彼は周囲から信頼の厚いリーダー。このカードは困難や障害をものともせず、前進していくエネルギーを象徴しています。

カードが示すメッセージ

Message

Keyword ››› 満ちあふれるパワー

先頭に立つ／行動力／風格／向上心／リーダーシップ／実行力／情熱／カリスマ性

現在／結果	心に余裕がもてる／ビジネスの場で力を発揮できる／追い風が吹く／力強く前進できる／ツキを感じる／未来を確信できる状況	未来	大きな責任を伴うポストにつく／リーダーになる／組織のトップに上り詰める／人を正しく統率できる／新しいことに挑戦する
過去／原因	勇敢な行動／周りを圧倒させる／秘めたる野心がある／取り組み自体に問題がある／高圧的な態度で周りの人が離れる	アドバイス	確固たる意志をもって人の上に立つ／謙虚な姿勢が必要／ぶれない軸をもつ／建設的に物事を考える／安心感を与えるべき
恋愛	情熱的で思いやりのある恋／相手をリードして進める恋愛／仕事ができる相手との結婚	対人	頼りにされる／グループの中心的存在になる／誰からも愛される／高め合える関係
仕事	新事業開拓への野心を抱く／高い能力をもつ／プレゼンで才能を発揮／リーダーに抜擢	お金	チャンスをつかむための投資／ここぞという勝負で大胆にお金を使う／いさぎよく使う

ラッキーアイテム＆アクション

Lucky color
レッド

やる気とエネルギーアップに効果大。何事にもポジティブに！

Power Stone
ルビー

何事にも意欲的になり、カリスマ性や魅力をアップさせます。

カップのA
ACE of CUPS

絶え間なく湧き出る情動

カップ（杯）は四大元素の水を象徴し、水は愛情や感情を意味します。大きな手が持つ1つのカップからは水が湧き出し、蓮が浮かぶ水面へ注がれています。心から純粋な愛情や思いがあふれ出し、新たな関係や情熱を注ぐ何かが始まることを暗示しています。自分の心に従って行動することで、よい方向に動き出すでしょう。

カードが示すメッセージ
Message

Keyword >>> あふれ出る愛の力

幸せ／芸術性／平和／ピュアな愛情／精神的充足／感性を生かす／癒やし

現在／結果	満足感のある運気／喜びや幸せで心が満たされている／心が通い合う／いつも以上に素直になれる／精神的に満ち足りている	未来	平和や幸せが訪れる／夢中になれるものが見つかる／愛を感じる出来事／美的センスが研ぎ澄まされる／創造的分野で活躍
過去／原因	愛情と思いやりを惜しみなく注ぐ／情動や愛情が抑えられない／ストレートな自己表現があだに／隠し切ることのできない願望	アドバイス	素直で純粋な気持ちを大切にする／いつも感謝の心を忘れない／周囲と密な関係を築いておく／自己表現することを恐れない
恋愛	新たな異性との出会い／夢中になれる相手／豊かな愛に包まれ満たされる／幸せな結婚	対人	心が豊かになる関係／強い絆で結ばれる／平和主義で穏やかな人／精神的に成長できる
仕事	好きな仕事ができる／仕事が順調に進む／人脈を生かす／満足な結果／よき協力者	お金	金運に恵まれる／豊かな生活／欲しいものを手に入れ喜びを実感／現状に満足する

ラッキーアイテム＆アクション

 Lucky color
アクアマリンブルー
心が開放されハッピーに。純粋な心で物事を楽しめます。

 Power Stone
ロードナイト
愛の修復や不安の回復をしてくれます。魅力の引き上げにも。

カップの2
TWO of CUPS

ここから始まる二人の物語

男女が向かい合い、お互いのカップの交換しようとしています。二人の間にはギリシャ神話の伝令神・ヘルメスが持つ杖（カドゥケウス）と、翼を持つライオンが現れており、気持ちを伝え合っているように見えます。これは男女がお互いを選び引かれ合う様子、また友人や信頼し合う者同士の絆や共感の気持ちを表しています。

カードが示すメッセージ
Message

Keyword ››› 通じ合う心

信頼関係／絆／相互理解／恋の始まり／うれしい出会い／バランスのよさ

現在・結果	心が通じ合っている／つながりを実感／お互いに共感を抱くようになる／意思が明確になる／協調関係が築かれる	未来	恋が無事に成就する／告白する／告白される／あらゆる人間関係が良好になる／和解する／長いつき合いになる人と出会う
過去・原因	一目会った時から気に入る／周囲と本音を共有する／恋愛感情や性的な魅力が弊害に／オープン過ぎる接し方	アドバイス	お互いへの理解を深めてよい信頼関係を築く／本音を語り合う／仲違いしている相手と和解／勇気を出して相手に思いを伝える
恋愛	一目ぼれから始まる恋／両想い／二人の関係が発展する／愛が芽生える／婚約／入籍	対人	腹を割って話をする／長いつき合いにつながる出会い／もちつもたれつの関係
仕事	仕事がどんどん進展／気持ちが通じる上司／交渉が成立する／感覚にぴったりくる仕事	お金	チームで協力して報酬を得る／必要なだけお金が入ってくる／周囲からのお金の支援

ラッキーアイテム＆アクション

Lucky color
桜色

優しく柔らかな印象を与え、女性らしい魅力がアップ。

Power Stone
クンツァイト

人に対する愛情と思いやりが生まれ、対人関係が円満に。

カップの3
THREE of CUPS

愛情から発展した人間関係

3人の女性が、それぞれカップを掲げて踊っているように見えます。これは[カップの2]で出会った男女が、さらに一歩進んだ人間関係や連帯感に進展することを示しています。和やかな表情の3人ですが、それぞれの思惑も感じられます。3人がうまく関係するには、お互いを尊重する気持ちや適度な距離感も必要です。

カードが示すメッセージ
Message

Keyword ››› 社会性を育む

友愛／連帯感／楽しい時間／仲間意識／バランスのよい関係／心地よい距離感

現在/結果	明るく穏やかな関係／結果が実る運気／グループ行動をする／連帯感が絆に変わる／優しく平和な雰囲気／仲間意識が生まれる	未来	友情が深まる／自然体でつき合える友人ができる／周囲と協力して念願の結果になる／仲間と楽しく語り合う／パーティーが開催
過去/原因	調和がとれた円満な人間関係／現状に満足／友情が結ばれる／今の環境から抜け出せない／チームワークに頼り過ぎている	アドバイス	友人と気分転換する／体をもっと動かす／仲間の輪に加わる／心地よい人間関係について考える／お互いに譲り合い尊重し合う
恋愛	友人から始まる恋／グループ交際をする／確かな絆で結ばれている／お似合いのカップル	対人	友人と気持ちが1つになる／社交性を発揮する／一緒にいて心から楽しめる／仲間意識
仕事	チームワークの調和が成果につながる／周囲と協力してプロジェクトが成功／契約成立	お金	仲間のお祝い事が続いて出費が増える／交際費がかさむ／欲しいものが手に入る

ラッキーアイテム＆アクション

Lucky color
ターコイズ
ブルー

親しみやすさが生まれ、コミュニケーション力がアップ。

Power Stone
ブルーレース
アゲート

実のある縁に恵まれ、対人関係のストレスがなくなります。

カップの4
FOUR of CUPS

なぜか積極的になれない時

3つのカップを前に、腕組みをして考え込むような男性が描かれています。雲からの手がもう1つのカップを差し出していますが、男性は気づかない様子です。これは現状に行き詰まっている、新しい可能性に飛び込んで行けない状態を暗示しています。また恵まれた環境に気づかず、怠惰になっているとも読めます。

カードが示すメッセージ
Message

Keyword >>> 動かない気持ち

ためらう／退屈／倦怠／機会を逸する／腰が重い／無関心／ないものねだり

現在／結果	安定した毎日に飽き飽きしている／不平不満が募っている／退屈しているけど行動を起こす気はない／新鮮味に欠けている	未来	これといったインパクトのない平穏な日々が続く／身近な幸せに気がつかず不満を言う／現状に苦悶する／イライラする
過去／原因	マイナスな思考にばかり意識が向っている／気分が乗らない／自分を正当化している／代り映えのない毎日に不満／マンネリ状態	アドバイス	現状に甘えない／気づかないだけで周りにチャンスが多く眠っている／自分が何をしたいのか思考を整理する／休暇を取ってみる
恋愛	倦怠期／身近に運命の相手がいることに気がついていない／弱気になり進展しない	対人	新鮮味のない関係／愚痴ばかりの会話／一緒にいて苦痛を感じる／不満を抱える人
仕事	単調で退屈な仕事／微妙な結果／恵まれた職場だがやりがいを感じない／やる気が出ない	お金	実りのある報酬は手に入りにくい／ストレスから衝動買いが増える／金銭的不満を感じる

ラッキーアイテム&アクション

Lucky color
ダークブラウン

高ぶった心を落ち着かせ、地に足のついた行動に。

Power Stone
カーネリアン

冷静かつ的確な判断力が備わり正しい方向に導いてくれます。

カップの5

FIVE of CUPS

残された希望に気づかない

倒れた3つのカップを見つめ、うなだれている男性が描かれています。しかし、2つのカップがまだ残されていることに気づいていません。大切なものを失う、信頼していた人に裏切られるなど落胆する結果を示していますが、視野を広くもち、残された駒をどう生かすかを考えれば、まだ希望は残されているのです。

カードが示すメッセージ

Message

Keyword >>> 深い喪失感

落胆／失望／喪失／ネガティブな感情／執着／可能性が残る／方向転換が必要

現在／結果	大切なものを失って大きな喪失感にさいなまれる／願いがかなわず失望する／悲しみに打ちひしがれる／絶望／期待はずれの展開	未来	可能性が消えたわけではない／むなしい希望にすがる／仕方なく動き始める／世襲や相続に関する問題／親族間の問題
過去／原因	努力しても成果が少ない／自信がもてず身動きがとれない／冷静に判断していない／自分の殻に閉じこもっている／現実逃避している	アドバイス	冷静に現状を把握する／気がすむまで泣く／どんな状況や人であろうとも油断や過度な期待はしない／シビアに状況を見極める
恋愛	失恋／納得するまで何度も挑戦／未練／諦めがつかない／失ってから気づく大切さ	対人	盛り上がらない雰囲気／相手と心が通わない／避けられる／仕方なくつき合う相手
仕事	重大なミスをする／大きな損失が出てしまう／同僚との関係が悪化／成果が出ない	お金	よくない状況／損失を出す／貸したお金が返ってこない／労働に見合わない報酬

ラッキーアイテム&アクション

Lucky color
アイボリー

柔らかな色に癒やし効果あり。心を落ち着かせたい時に。

Power Stone
エレスチャル

ネガティブとポジティブの感情をバランスよく整えます。

カップの6

SIX of CUPS

自分を取り巻くものへの愛情

花を刺したカップが並び、赤い頭巾(ずきん)の子が年少の子にその1つを差し出しています。花で満たされた風景は愛情や純真さを象徴し、このカードは懐かしい場所や幼い頃の思い出、家族愛などがカギになることを表しています。同時に大きな子と小さな子の対比は、ある種の優位性やアンバランスさも暗示するようです。

カードが示すメッセージ

Message

Keyword >>> 原点への回帰

郷愁／懐かしい思い出／初恋／過去の出来事／分かち合う／浄化

現在・結果	忘れていたピュアな心を思い出す／懐かしい思い出がよみがえる／ノスタルジックな気分になる／自分を取り巻く愛に気づく	未来	懐かしい相手との再会／温かな愛情で心が満たされる／純粋な恋に落ちる／プレゼントを贈り合う／過去の経験が生かされる
過去・原因	過去に感傷に浸りがち／昔を思い出して精神を癒やす／大切なことを忘れている／打算だらけになっている／家族との関係	アドバイス	原点に立ち返り初心を思い出す／過去に親しんだ場所や人がカギになる／自分の過去を否定しない／家族や周囲の人を大切にする
恋愛	幼馴染との恋／ピュアで甘酸っぱい恋／元恋人や初恋の人との再会／慈しみ合う関係	対人	懐かしい友人との再会／幼馴染との絆が深まる／過去の友情を大切に守る／同窓会
仕事	アットホームな職場／過去の経験が役に立つ／昔の同僚／過去の栄光／初心を思い出す	お金	過去に貸していたお金がお戻ってくる／物を贈りたくなる／お金で買えない価値に気づく

ラッキーアイテム&アクション

Lucky color
ベビーピンク

女性の運気全体を底上げ。安心感と癒やしをもたらします。

Power Stone
インペリアルトパーズ

何事にも感謝の気持ちが生まれ、寛大な心が開運体質に。

カップの7

SEVEN of CUPS

本質や現実を見極める大切さ

雲の上のカップには、宝物や月桂樹、人の首やヘビなどさまざまなものが入っています。シルエットの人物はそれを見て喜んでいるように見えますが、これらは実際に手に入れる訳ではなく幻想や願望を象徴しているだけです。このカードは、現実を直視する重要性、空想の世界に逃げ込まないように注意を促しています。

カードが示すメッセージ

Message

Keyword >>> 現実からの逃避

幻想／妄想／誘惑／都合のよい解釈／思い込み／表面的／理想と現実の差

現在／結果	理想や憧ればかり追いかけ夢見がちな状態／妄想に酔いしれている／現実を見失う／あれもこれもと欲張る／願望ばかりを膨らませる	未来	誘惑に負ける／自分を見失う／被害妄想に陥る／優柔不断でいろいろなことに目移りする／思い込みが強くて冷静な判断ができない
過去／原因	選択肢や誘惑が多い／現実から目を反らして夢に酔いしれている／努力をしないで奇跡を期待している／地に足がついていない	アドバイス	それ以上選択肢を広げない／頭の中を整理して今やるべきことをする／客観的な視点／ネガティブ思考をやめる／自己陶酔しない
恋愛	移り気な恋心／ドラマチックな恋／かなわない恋に幻想を抱く／悲恋に酔う／恋に恋する	対人	相手に理想を押しつける／夢のような楽しい時間を過ごす／酒の席で友情が生まれる
仕事	多方面に手を出し過ぎて失敗／夢ばかり語って現実が見えていない／実現不可能な計画	お金	欲しいものが多過ぎる／散財／酒が原因で金欠に／無駄遣い／一発逆転の妄想が膨らむ

ラッキーアイテム＆アクション

Lucky color
ストロベリー
レッド

みずみずしいイチゴのような赤色は積極的な恋愛を後押し。

Power Stone
パープル
フローライト

迷わず進む勇気を与えてくれます。現状を変えたい時に。

カップの8

EIGHT of CUP

区切りをつけて次なるステップへ

月の美しい夜、海辺に並べられたカップを置いて、立ち去る男性が描かれています。彼は今まで取り組んできたこと、大切にしてきたことに区切りをつけ、次なる場所に向かうようです。価値観の変化か、やり切ったという達成感か、いずれにしても人は永遠に同じ場所にとどまることはできないと示すかのようです。

カードが示すメッセージ

Message

Keyword >>> 移ろいゆく心

変化／決別／興味を失う／再挑戦／方針を変える／色あせて見える／捨て去る

現在／結果	今まであった興味を失う／ピークが過ぎた状態／次のステップへ移行するタイミング／区切りをつけて新たな可能性を模索する	**未来**	過去を捨て去り新しい未知へ進む／すべてを放棄したくなる／物理的・精神的に距離を置く／自分探しの旅を始める／方向転換する
過去／原因	時間の経過により徐々に変化していく／考え方がだんだんと変わる／面倒事から逃げる／魅力を感じなくなる／心変わりする	**アドバイス**	未練を捨てる／思い切って次のステージに進む／自分の心と向き合い整理する時間をとる／重荷に感じているものを見分けて手放す
恋愛	嫌いではないが愛していない／心変わりする／別れる決心をする／未練を捨てる	**対人**	連絡が途絶える／疎遠になる／変わらぬメンバーに飽きてくる／一度距離を置いてみる
仕事	プロジェクトの断念／やりがいを感じられなくなる／以前ほどの情熱を向けられない	**お金**	お金に関する価値観が変わる／支出の内容を精査する／報酬や対価を得ることをやめる

ラッキーアイテム＆アクション

 Lucky color
セピア

イカ墨の色に由来します。安定感を引き出す抜群のカラー。

 Power Stone
ユナカイト

怒りや悲しみを取り除き、前に進むパワーをもたらします。

カップの9
NINE of CUPS

期せずして与えられる充足感

弓型の机に9つのカップが並べられ、その前で恰幅のよ
い男性が腕組みをして座っています。望むものを手に入
れた男性の表情は満足して誇らしげです。これは努力し
た結果というよりも、棚ぼた的に幸運が得られる、願い
がかなうというメッセージを示唆するカード。ただし表
面的な成功だけに満足しないことも大切です。

カードが示すメッセージ
Message

Keyword >>> 思いがけない幸運

成就／満足感／願いがかなう／物質的安定／精神的充足／満ち足りた状態

現在・結果	ラッキーな出来事が次々と舞い込む／もうすぐ願いがかなう／自分を誇らしく感じる／欲しいものが手に入る／喜びに満ちあふれている	未来	幸福感や満足感を得られる／経済的な安定を得て精神的にもゆとりが出る／ぜいたくを思う存分楽しむ／成し遂げた喜びを噛み締める
過去・原因	特に何もせずにうまくいく／現状の幸運に甘んじて努力を怠る／願いはかなうが責任やデメリットに怖気づく／自画自賛し過ぎ	アドバイス	信じていれば願いはかなう／自分にご褒美を／喜びをひけらかすのはやめる／次回も同じようになるとは限らないため現状に甘んじない
恋愛	長年の思いが報われる／理想的な相手との出会い／レベルの高い相手に一目ぼれされる	対人	心から通じ合える仲間／満足感を抱く友情／一緒にいると何かと得をする関係
仕事	長い計画が実を結ぶ／大きな仕事が舞い込み成果を挙げる／思いがけない出世	お金	満たされた金運／予期せぬ臨時収入／ワンランク上の生活／精神的にもゆとりがある

ラッキーアイテム&アクション

Lucky color
イエロー
ゴールド

豊かさや幸福感を感じられ、自信がアップ。最強の金運色。

Power Stone
ルチルクォーツ

金運アップに効果大。知識や人脈を集め、品格も高めます。

カップの10
TEN of CUPS

身近な人と分かち合う本当の幸せ

空いっぱいに現れた虹に10のカップが並び、見上げる夫婦と子どもたちが喜びいっぱいに幸せを表現しています。家族や恋人、日々の仕事など当たり前に思える何気ないものこそが、本当の幸せだと示すかのようです。人間関係もスムーズになり、精神的にも安定して温かな幸福感に満たされることを暗示しています。

カードが示すメッセージ
Message

Keyword >>> 今ある幸せに気づく

幸福感／家族愛／安らぎ／不安のない状態／充実した人間関係／平和な日常

現在・結果	トラブルとは無縁の平和な日常／日々の幸せを実感する／一同で喜びを分かち合う／自分のことを幸せだと思う／充実した私生活
過去／原因	心の余裕が十分にある／家庭内でうれしいことが起こる／現状に満足しきっている／周囲の環境に不満がなく平和ぼけている
恋愛	永遠の愛を誓う／心から通じ合う相手／幸せな恋や結婚／愛情に満たされる／妊娠
仕事	安定した経営／満足のいく成果が上げられる／一丸となって働く／スキルを生かす転職

未来	充実した人間関係を築く／幸せを確信する／幸福な状態が続いていく／新居を構える／結婚／新しい家族の誕生／願いがかなう
アドバイス	当たり前の中にある幸せに気づく／気のおけない友人との交流を大切に／充実した生活環境が心のゆとりにつながる／周囲に人に感謝
対人	誰とでもバランスよくつき合える／周囲との関係が円満／和気あいあい／平和な家庭
お金	ゆとりがある金運／資産増大／満足のいく収入を得る／結婚によって収入が増える

ラッキーアイテム&アクション

Lucky color
透明

邪念が払われ、純粋な心でスタートする無限の力が宿ります。

Power Stone
ルビー

何事にも意欲的になり、カリスマ性や魅力をアップさせます。

カップのペイジ
PAGE of CUPS

若々しく面白いアイディアが評価される

中性的な印象の若い男性が右手にカップを持ち、そこから顔をのぞかせるサカナと見つめ合っています。コミカルな印象のあるカードですが、アイディアの豊かさや芸術性、柔軟な考え方ができる人物を表しています。古い考えに縛られず、斬新で個性的な意見や面白いアイディアが評価される時。うれしい知らせが届く可能性も。

カードが示すメッセージ
Message

Keyword >>> 感性のおもむくままに

純粋／柔軟な考え／個性的／優しさ／ムードメーカー／すべてを受け入れる

現在／結果	前向きに取り組める／不可能を可能へと変えるアイディア／何でも許せる／柔軟な対応／人のために尽くす／周囲から愛される	未来	秘密を打ち明けられる／うそをつかれていたことがわかる／新しい展開がある／いい知らせを受け取る／試練をパスする方法を思いつく
過去／原因	純粋な心で人を楽しませる／人のために頑張れる／正直過ぎる物言い／発想力の豊かさが人によっては裏目に／おせっかいになっている	アドバイス	自分に素直になる／自分の秘密を打ち明けて距離を詰める／柔軟な対応を大切にする／失敗を成功のもとにする／人に優しくする
恋愛	恋愛が進展する／告白される／ロマンティックな甘い恋／情熱的な愛／ピュアな愛情	対人	打算なしで相手のために行動する／秘密を共有する／互いに気持ちがわかり合える関係
仕事	感性やセンスが磨かれる／クリエイティブな仕事で活躍／直感がさえる／個性を発揮	お金	やりくりの工夫自体を楽しむ／ひらめきで得をする／生活スタイルを順応させる

ラッキーアイテム&アクション

Lucky color
ライラック

トラブルを敏感に察知し、身を守るアンテナがさえます。

Power Stone
スモーキークォーツ

その人がもつ能力が活性化し、専門分野で必要とされます。

カップのナイト
KNIGHT of CUPS

優しく優雅で理知的な雰囲気

甲冑をつけた騎士が片手にカップを持ち、白馬に乗って川を渡ろうとしていますが、決して急ぐ様子はなく、優雅でゆったりとした雰囲気を漂わせています。兜と靴につけた飾りは伝令の神・ヘルメスの翼。彼は王からの使いか、愛する人の元に向かう最中か。いずれにしても大切な知らせをもたらす使者のようです。

カードが示すメッセージ
Message

Keyword >>> ゆるやかな前進

慎重／穏やか／柔らかな物腰／美的センス／優柔不断／告白される／協力者の出現

現在／結果	何かが始まる気配／精神的に満たされる／吉報が届く／夢がかなう／柔らかい物腰／スマートな言動／安易に動かず思慮深くなる	未来	新たな話が持ち込まれる／待っていた人が来る／うれしい知らせが舞い込む／プレゼントをもらう／愛情を十分に注いでもらえる
過去／原因	状況を判断して動ける／望みがかなうという自信がある／ハングリー精神を失っている／予想外のことに対してメンタルが弱い	アドバイス	ただ待つだけではなく自分から連絡する／気が進まない誘いにも乗ってみる／損得勘定で行動するのではなく心の充実に目を向ける
恋愛	プロポーズ／告白／アプローチされる／ロマンチックな恋愛／理想の人が現れる	対人	互いを思いやる／一緒にいて気持ちが落ち着く／社交性のある人／人に慕われる
仕事	うれしい話が舞い込む／大抜擢／出世／注意深く状況を見極める／人脈を生かせる	お金	安定した金運／臨時収入／人とのつながりが多いほど金運アップ／昇給の可能性

ラッキーアイテム＆アクション

 Lucky color
ピーコックグリーン

クジャクの羽の色に由来。自由と解放感をもたらします。

 Power Stone
イエローオパール

サポート運が上がり、よい協力者に恵まれます。前向きな思考に。

カップのクイーン
QUEEN of CUPS

母性と慈愛の心で包み込む

女王が精巧な彫刻の施された玉座に座り、美しい装飾のカップをじっと眺めています。カップが象徴する「水」は女性的性質をもつため、このカードは最も女性らしい1枚といえます。周囲への心配りや優しさ、献身的で家庭的な行動が幸運のカギです。このカードが出たら、自分の直感や感受性を大切にしましょう。

カードが示すメッセージ
Message

Keyword >>> 献身的な愛情

優しさ／慈しみ／相手に尽くす／広い心／情が深い／創造性／ロマンチスト

現在／結果	人の感情に寄り添うことができる／献身的に愛情を注ぐ／相手への理解力が深まる／自分の芯を持ちつつ周囲と調和が保てる	未来	第六感が働く／直感がさえわたる／豊かな気持ちになる／本心を読み取る力が高まる／美的感覚が優れ芸術的才能を発揮する
過去／原因	穏やかで落ち着いている／母性に目覚める／愛情を注ぐ相手を見つける／感情的になり過ぎる／自分の感情を抑え無理をしている	アドバイス	相手の言葉を鵜呑みにしないで本心を見抜く／相手がミスをしても優しい心で受け止める／自他ともにリラックスする時間が必要
恋愛	惜しみなく愛を注ぐ／無償の愛／母性／ロマンチックな結婚／精神的な結びつきが強い	対人	思いやりにあふれた人間関係／親身になれる関係／一緒にいるだけで癒やされる相手
仕事	柔軟な対応／芸術・医療関連の仕事で成功／温かい職場／仕事や会社に尽くす	お金	お金を使うことにあまり関心がない／返済を求めずにお金を貸す／無償で奉仕する

ラッキーアイテム&アクション

 Lucky color
ローズピンク

女性らしさに落ち着きをプラス。メイクに取り入れると◎

 Power Stone
フォスフォシデライト

高ぶった気持ちを抑え、思いやりのある態度で好感度アップ。

カップのキング
KING of CUPS

温厚な雰囲気が成功を引き寄せる

海の上に浮かんだ玉座に座る王は、右手にカップを、左手に王笏を持ち、遠くを見つめています。このカードが象徴するのは、寛容で懐が深い大人の男性。その温かな人柄が人を呼び、相談されることが増える、安心できる環境が整うことを暗示しています。また困った時にも、頼りになる人物のサポートが期待できます。

カードが示すメッセージ
Message

Keyword >>> 寛大に受け止める

威厳／包容力／寡黙／人望／傾聴／信頼できる／相手を受け入れる

現在／結果	余裕があり適切に対処できる／器が大きく寛大／悠然と物事をこなす／すべてを肯定し受け入れる／堂々として風格がある	未来	よく理解してくれる強力なサポーターを獲得／新たな道に進む／芸術的な才能が目覚める／必要なものがタイミングよく手に入る
過去／原因	必ず終わりは来ると悟っている／心がゆったりと穏やかになっている／なんでも受け入れようとし過ぎる／包み隠さない態度が裏目に	アドバイス	自制心を忘れない／客観的な視点／物事の本質を見抜く／リラックスして臨む／味方が近くにいる／ワンマンになり過ぎない
恋愛	穏やかな愛情／安心感に包まれる／互いの心の支えになる関係／温厚で優しい相手	対人	迷惑をかけられても許す／思いやりがある関係／よき理解者を得る／頼られる存在
仕事	寛大な上司／部下の成長を見守る／信頼されのびのびと才能を発揮／信頼関係が強まる	お金	安定した金運／ボランティアで出資／寄付／気前よく払う／芸術方面にお金を使う

ラッキーアイテム&アクション

Lucky color
ロイヤル
パープル

崇高さや知性を印象づけます。周りから信頼を受けたい時に。

Power Stone
ラピスラズリ

目に見えないマイナスエネルギーから守ってくれます。

ソードのA
ACE of SWORDS

意志を貫き目的を達成する

雲から出た手が剣を握り、剣先にはオリーブとヤシの葉を飾った王冠が掲げられています。ソード（剣）は人工的な道具であり、人間の進化や知性などを象徴するもの。これは知性や意志によって目的が達成されることを示しています。しかし同時に剣は争いの道具にもなり、人を傷つけることも忘れてはいけません。

カードが示すメッセージ
Message

Keyword >>> 明確な意思表示

知性／知識／判断／勝利／決断力／努力に見合った成果／社会的地位を得る

現在／結果	迷いがみるみるうちに晴れていく／行動を起こすべきタイミング／困難を乗り越えて前進する／自力で何かを達成できる／決心する	未来	正しい決断を下せるようになる／本質を見抜ける／逆境を跳ねのける／権力を手にする／勝負事に恵まれる／新たなルートを発見する
過去／原因	精神力と知力が鍛えられる／タフで打たれ強い／正論ばかりをもち出す／冷淡で合理的／大胆な決断が足を引っ張る結果になる	アドバイス	率先してリーダーシップをとる／周囲の意見をまとめて／最善を尽くす／投げ出さず最後までやり通す／問題に果敢に立ち向かう
恋愛	情に流されずクールに判断／ライバルに勝利する／幻想を断ち切れる／食ってかかる勢い	対人	理知的な友人／客観的な意見交換ができる相手／線引きがされている／精神的な絆
仕事	頭が切れて窮地を切り抜ける／入念な企画作りが功を奏す／重大な決断を任される予感	お金	やりくりに奮闘する／強い精神力でピンチを乗り切る／知性を磨くために投資する

ラッキーアイテム＆アクション

 Lucky color
朱赤

活力ややる気をもたらす色とされ、勝負運も備わります。

 Power Stone
サンストーン

強い力で新しい流れを作り、統率力や信頼度がアップ！

ソードの2
TWO of SWORDS

心を無にして公正さを問いかける

夜の海辺で女性が目隠しをしながら、2本の剣をクロスさせています。「2」という数字は二元性や相対する物事を表しており、目隠ししている女性はそのバランスをとろうとしているようにも見えます。背後の穏やかな海のように、心を落ち着けて課題に取り組めば、必ず答えが得られることを示しているのかもしれません。

カードが示すメッセージ
Message

Keyword ›››› 調和の難しさ

集中／様子を見る／緊張／葛藤／バランスをとる／理性を働かす

現在・結果	表面的に取り繕う／ピークを超えて落ち着きを取り戻す／問題が収束に向かいつつある／現状維持／板挟み状態／選択に迷っている	未来	依存しない関係を築く／問題が解決する／悩みが解消され晴れ晴れする／落ち着く／普段の自分を取り戻す／真実を受け入れる
過去・原因	他者との調和をはかる／バランスを意識する／冷静に判断し過ぎてしまう／物わかりのよさがあだとなる／自分の中だけに秘めた真相	アドバイス	結論を急ぐことはない／今は流れに逆らわないで／他者との対等な関係を保つ／感情にとらわれず理性的に判断するべき
恋愛	適度な距離感で様子を探りつつ恋を育てる／相手に合わせる／年下との縁／理知的な会話	対人	バランスのとれた人間関係／忠告に耳を傾ける／ほどほどにつき合う／関係の修復
仕事	ライバルとの穏やかな協力関係／仕事に感情を挟まない／表向きは均衡を保ってつき合う	お金	収支バランスを考えながらやりくりする／過不足なくお金を使う／必要経費ととらえる

ラッキーアイテム&アクション

Lucky color
ピーチ

心身ともに安らぎ満ち足りた気分に。緊張感も和らぎます。

Power Stone
アイオライト

自信と勇気をもたせ、進むべき正しい方向へ導いてくれます。

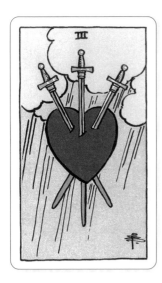

ソードの3

THREE of SWORDS

悲しい出来事で傷つく心

激しい雨の中、ハートに3本の剣が突き刺さっています。赤いハートは人の気持ちや心であり、傷心・悲しみなどを表しています。人物や風景が描かれていないことから、人の手ではどうにもならない大きな力による悲劇を示しているようにも見えます。大切な人を失う、裏切られるなど、深く落ち込む出来事が訪れるかもしれません。

カードが示すメッセージ

Message

Keyword >>> 別れに伴う痛み

喪失／傷心／悲しい出来事／誤解／トラブル／不本意／ショックを受ける

現在／結果	不穏なムードが漂う運気／トラブルに見舞われる／修復不可能になり決別する／ひどくショックを受ける／歩み寄りがかなわない	未来	衝撃が走る／ダメージを受け悲しみが広がる／別れは避けられない／トラブルが結果として問題解決につながる／心が深く傷つく
過去／原因	関係がぎくしゃくする／向き合うことを避けていた問題／悲しみに直面する／物事の本質を見誤る／小さなずれが大きな溝になる	アドバイス	絶望から這い上がる／成長につながっていると考える／事態が落ち着けば希望が見えてくるはず／つらくても今は耐えるべき
恋愛	浮気や三角関係がもつれて悲しい結末に／失恋／愛が引き裂かれ別々の道へ進む	対人	争いが勃発／グループがバラバラになる／きつい物言い／打算的なつき合いで友情が消滅
仕事	リストラにあう／自ら職場を去る／プレゼン失敗／プロジェクトの頓挫／派閥争いがある	お金	財布を落とす／定期預金を解約する羽目になる／金銭トラブルが原因で仲が悪くなる

ラッキーアイテム＆アクション

 Lucky color
パステル
ブルー

爽やかさと清潔感を印象づけ、周囲の信頼度も得られます。

 Power Stone
ラリマー

絶大な癒やし効果が。不安や怒り、トラウマからの解放も。

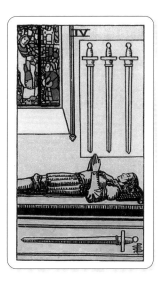

ソードの4
FOUR of SWORDS

喧騒から離れ、心身の回復を図る時

ステンドグラスの輝く教会で、墓の上に騎士が横たわり、壁にはソードが飾られています。手を合わせている騎士の様子から、心を落ち着けて自分と向き合っているようにも見えます。これは今が充電の時、心身を休ませる時であることを示しています。頑張った人ほど、一人で落ち着く時間が必要になるでしょう。

カードが示すメッセージ
Message

Keyword ››› 思考を休ませる

静養／小休止／静かに休む／待機／エネルギーを蓄える／リフレッシュする

現在／結果	機会をうかがう／ここぞという時までパワーを温存する／一時的な休息／メンテナンスを行う／一息入れられるくつろぎの時間	未来	十分な休養で心身ともに充電する／徐々に失速／突き進むだけでなく時に立ち止まることが必要／ドクターストップがかかる
過去／原因	活動をいったん中止する／著しく疲労している状態／体調不良に見舞われている／忙しさを理由に自分と向き合う時間をとらない	アドバイス	休むことが結果として問題解決の近道／まずは睡眠時間をたっぷり取る／自分を見つめなおすタイミング／頭の中を整理する
恋愛	ケンカや結婚話はいったん冷静に／距離を置く／出会いはチャンスを待つ	対人	人間関係の面倒くささを感じる／心を見透かされる／絶妙な距離感の人／冷静な忠告
仕事	交渉事はいったん仕切り直しが必要／休職する／1つのやり方に固執せず視野を広く	お金	自由に使えるお金がない／厳しい節約生活も小休止を／入金される時を待つ

ラッキーアイテム＆アクション

Lucky color
マラカイトグリーン

深みのあるグリーンが、疲れた心と体を癒やしてくれます。

Power Stone
ヘマタイト

心身のバランスを整え、身体の不調からの回復を助けます。

ソードの5
FIVE of SWORDS

争いは勝者にも敗者にも傷を残す

戦いの勝者である男が剣を持ち、立ち去る敗者に向かって勝ち誇ったように不敵な笑いを浮かべています。男の自信満々の様子から、手段を選ばぬ戦い方や露骨な敵対心が見て取れます。戦いは必ず双方に傷を残すもの。このカードは自分自身がこの男のようになっていないか、見つめ直すことを示唆しています。

カードが示すメッセージ
Message

Keyword >>> 戦いのむなしさ

アンフェア／残酷さ／容赦ない戦い／傷つけ合う／勝利へのこだわり

現在／結果	もめ事の中心にいる状態／欲望を満たすための戦い／背に腹は代えられない状況／わずかな油断も命取り／弱さをみじんも感じさせない	未来	勝利の代償に相手を深く傷つけてしまう／争いは避けられない／知恵が必要になる／駆け引きが重要／悪事に加担する予感
過去／原因	利己的な考え方／身勝手な強い欲望を抱く／人をだまして傷つけた／相手が自分より格下だと決めつけてさげすむ／過剰な策略	アドバイス	場合によっては非情になるべき時がある／時にはずる賢さを出して的確に立ち回る／綿密な作戦でぼろを出さないように
恋愛	ライバルとの激しい争いに勝利する／略奪愛の成功／ぞんざいな扱いで気持ちがすれ違う	対人	悪いうわさを流す／欲望のために利用する／互いに蹴落とし合う／関わると危険な相手
仕事	根回しのため奔走する／裏工作／ライバルを追い込む／競争相手との激しい戦い	お金	仲間を出し抜いて利益を得る／競合他社の足を引っ張る／底知れぬ欲望に従って散財

ラッキーアイテム&アクション

 Lucky color
コーヒー
ブラウン

柔らかみのある茶色。ほっとするような安心感に包まれて。

 Power Stone
ユナカイト

心の奥の怒りや悲しみを取り除き、再スタートへ導きます。

ソードの6
SIX of SWORDS

新たな環境に向けて行動を起こす

ソードが刺さった船を、船頭の男が今まさにこぎ出そうとしています。乗っているのは、身を隠すかのように背中を丸めた親子。困難な状況から抜け出し、新天地へ向けて出発するのでしょうか。これは新たな出発や方向転換、環境の変化を示唆するカード。または、頼りになる支援者やガイド役が表れるかもしれません。

カードが示すメッセージ
Message

Keyword >>> 解決への船出

撤退／転換／安全な旅／困難から脱出／新天地へ向かう／予想外の展開

現在／結果	従来の方針を大きく変える／トラブルから離れられる運気／現状から抜け出せる／進み始めた方向からは希望がうかがえる	未来	今いる環境から動き出す／次のステージへ進む／内省を経て困難な状況から脱出する／病気が快方に向かう兆し
過去／原因	今までのこだわりを捨て去る／過去を断ち切る／やり方の変更／相手から距離を置く／移転や旅行／苦しい状況から抜け出す	アドバイス	現状にとどまる必要はない／物の見方を変えると世界が広がる／新天地を目指す／一時避難して様子を見ることも大切
恋愛	終わった恋は振り返らない／新しい出会い／旅行先でのロマンス／方向転換が必要	対人	友人との旅行／旅先での出会いが新たな人間関係を築く／古いしがらみを断ち切る
仕事	斬新な発想を取り入れる／出張や転勤／出向／こだわりを捨て新たな方法を模索	お金	電子マネーなど新システムの導入／旅行にお金を使う／発想の転換で利益を上げる

ラッキーアイテム＆アクション

Lucky color
カーキ

自然を連想させ、安らぎやリラックスをもたらす効果が。

Power Stone
アイリス

人生の転機にある時に、よい流れを後押ししてくれます。

ソードの7

SEVEN of SWORDS

奇襲作戦や裏の手も時には有効か

一人の男がソードを盗んで忍び足で立ち去ろうとしています。サーカステントや人が見えますが、彼のことは気づいていない様子。これは人を出し抜くずる賢い人物・行動を示しており、ずるや不誠実な行いをしていないか、こちらに問いかけてくるようです。泥棒なのに派手な服の彼は、計画性がないようにも見えます。

カードが示すメッセージ
Message

Keyword ››› 悪意のない策略

出し抜く／ずる賢い／悪知恵／保身／駆け引き／裏切り／私欲を満たす

現在／結果	戦略を練り器用に立ち回る／秘密裏に悪だくみをする／うそやごまかしを使う／不正がまかり通る運気／不信感が漂う	未来：ものの見事に私利私欲を満たす／大切なものを盗まれてしまう／ライバルに出し抜かれる／人をだます出来事／人のうらみを買う可能性
過去／原因	欲望を満たしたい気持ちが強くなる／ハイリスクを負う可能性／出来心／うさんくさい話／悪いうわさが立つ／やましい気持ち	アドバイス：不正がばれて痛い目に遭う予感／コソコソしている人に注意／疑いの目を向ける／詐欺に気をつけて／何事も慎重に見極めるべき
恋愛	二枚舌／不誠実／個人情報を不正に得る／表裏の激しい人物／好かれたいがためのうそ	対人：厚意を利用する／関係性を保つためにうまく振る舞う／自分だけおいしい思いをする人
仕事	裏工作でライバルを陥れる／コネを利用し自分を売り込む／外面ばかりよい／スパイ行為	お金：自分の利益だけを考える／体裁のための募金／割り勘でずるをする／盗聴に注意

ラッキーアイテム＆アクション

Lucky color
黄土色

忍耐や粘り強さに加え、堂々とした風格や安定感を与えます。

Power Stone
オニキス

病気やトラブルから身を守ってくれます。交通安全にも◎

ソードの8

EIGHT of SWORDS

八方塞がりで孤立無縁に思える状況

目隠しをされ、体を縛られた女性がソードに囲まれて、身動きがとれない状況のようです。足場の悪い様子から、彼女が孤立無縁で苦境に立たされていることがわかります。ただ拘束された布はゆるく、足は縛られていないので、この状況は一時的なもの、また考え方を変えれば現状打破できそうなことを示しています。

カードが示すメッセージ

Message

Keyword ››› 行き詰まった現状

束縛／不安／制限される／言い訳／窮地に追い込まれる／身動きが取れない

現在・結果	災難に見舞われる／思うように動けないことが続く／今の環境が窮屈に思える／周囲からの過度な干渉／ねたまれる	未来	考えるばかりで行動に移そうとしない／忍耐力を試される出来事／一時的に我慢を強いられる／不自由／障害が立ちはだかる
過去・原因	自分の考えに縛られる／偏った考え方をもつ／何が重要か気づかない／資金不足／他人への期待が大き過ぎる／人任せ	アドバイス	自分で自分の首を絞めている／人に振り回されないで／ぶれない芯をもつ／思い込みは禁止／考え過ぎは時間の無駄
恋愛	人のせいにする／好きな人との向き合い方がわからない／アクションを起こさない／束縛	対人	被害妄想が強い人／誤解を解きたいが勇気がない／仲よくしたいのに近づこうとしない
仕事	ルールの多い職場／行き詰まるも迷いが邪魔で行動できない／こだわりを捨て切れない	お金	欲しいものがたくさんあっても買えない／金銭的に苦しくても改善策を見い出せない

ラッキーアイテム&アクション

Lucky color
シルバーグレー

知的で洗練されたイメージから、感覚が研ぎ澄まされます。

Power Stone
マラカイト

負の方向に飲み込まれないように、持つ人を守ってくれます。

ソードの9
NINE of SWORDS

迫り来る負の感情とどう戦うか

女性がベッドで半身を起こし、悪夢で目が覚めてしまったのか、何かを後悔しているのか、顔を覆って嘆いています。しかし足を覆う毛布は星座とバラが明るい色彩で描かれており、悲しみを慰めているようにも見えます。暗闇に浮かぶ9本のソードは、彼女の心の中の孤独や不安を表現しているのかもしれません。

カードが示すメッセージ
Message

Keyword >>> 悲しみにとらわれる

苦悩／絶望／思い悩む／情緒不安定／悲観的／恐怖心／不安な気持ち

現在／結果	孤独感に悩み苦しむ／何となく不安がよぎる／絶望に暮れる／悲しみで夜も眠れない／ナイーブになっている／折れそうな心	未来	物事をつい悪い方向へ考えてしまう／絶望的な思い込みを抱く／大切なものに気づく／悲しみから這い上がれる日は近い
過去／原因	情緒不安定になる／大切なものに気づくのに時間が経ち過ぎた／大きな衝撃／罪の意識に苦しむ／ひどい自己嫌悪に陥る	アドバイス	何もせず後悔するよりまず行動を起こす／今ある幸せに目を向けて／辛抱しても今後長くは続かない
恋愛	ほんの些細なことを重く受け止めて悲しむ／好きな人とのケンカで自分を責める	対人	人間関係に悩む／意味もなく不安を抱き落ち着かなくなる／会話の中でヒントを見つける
仕事	実力不足を心配し緊張してしまう／誰からも認められていないと思い込む／孤独を感じる	お金	今後の見通しが立たず絶望感を抱く／派手な散財を続け後悔／不安が解消されない

ラッキーアイテム＆アクション

 Lucky color
ロイヤル
パープル

古来、王室に使われた色。気品とプライドを保ちます。

 Power Stone
セレナイト

傷ついた心を癒やしてくれます。不安がなくなり安眠に。

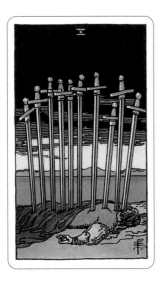

ソードの10

TEN of SWORDS

厳しい現実を受け入れる潔さ

男性の背中に10本のソードが突き立てられ、倒れています。かなり衝撃的な図柄ですが、背景の空は金色に輝き朝を迎えようとしています。現状はかなり厳しく、精神的にもダメージを受けるかもしれません。しかしそれを真摯に受け止めることで、明るい兆しや次なる段階がすぐそこまで来ていることも表しています。

カードが示すメッセージ
Message

Keyword ››› どん底からの希望

終わり／破滅／深刻な状態／精神的苦痛／大きなダメージ／かすかな希望

現在／結果	避けようのない不安や災難に襲われる／人生の岐路に立たされる／すべての痛みを受け入れた状態／未来に向かって歩み始める	未来	事態がますます深刻になる／どん底から這い上がる／精神的に成長できる見込み／苦しみの種が消滅／事態の好転が期待できる
過去／原因	計画が失敗に終わる／時間が足りなかった／気分を変えるきっかけが見つからない／先の見通しが立たない／未来が見えていない	アドバイス	これ以上悪化することはない／心機一転して生まれ変わる／大幅なイメージチェンジが必要／前向きにとらえる
恋愛	考え方の違いが大問題に発展／失恋から立ち直る／緊迫感／不安が的中／離婚	対人	そりが合わない相手との関係に疲弊する／人間関係に亀裂が入る／不幸な出来事
仕事	失敗は成功のもと／事業がみるみる悪化／深刻な経営状態／新たな道を探るしかない	お金	金銭的に成り立たなくなる／破綻／資産繰りの計画が失敗に終わる／一刻の猶予もない

ラッキーアイテム&アクション

Lucky color
ブラック

どんなことがあっても、周りに惑わされない芯の強さをアピール。

Power Stone
ブラック
トルマリン

邪魔なものを排除し、自分の行くべき道を教えてくれます。

ソードのペイジ

PAGE of SWORDS

冷静な視野と若々しい感性

起伏のある丘で、ソードを両手で構え周囲を見渡す若者が描かれています。彼は見張りや情報収集の役割を担っているのでしょうか。精悍な顔つきや用心深そうな様子は、彼が冷静な分析力をもち、的確な判断ができることを示しています。若さによる経験不足は、失敗と成功を経て確実に解消されていくでしょう。

カードが示すメッセージ

Message

Keyword >>> 鋭い状況判断

監視／警戒心／慎重な行動／用心深い／試行錯誤／危機意識／秘密をもつ

現在／結果	情報収集のため駆け回る／何かを探る必要がある／嵐の前の静けさ／予想だにしない展開の前触れ／試練に直面する気配	未来	方向性を模索する／ものは試しで取り組む／重大な秘密を抱える羽目に／試練が訪れる／危険を察知／冷静な判断でピンチを切り抜ける
過去／原因	周囲に対して警戒心をもつ／弱みを見せられない／頭の回転が速く計算し過ぎる／用意周到さが逆効果／秘密を抱えている	アドバイス	効率を重視して進める／静かに目立たないように行動する／秘密は口外しない／角が立つような言動は控える
恋愛	警戒心が強く打ち解けられない／相手を知ろうとする／本心を表せない／駆け引き	対人	本音と建前をうまく使う／心を通わせるにはお互いに時間がかかる／用心深く接する
仕事	割り切った働き方／損をしないために予防線を張る／役立ちそうな情報を集める	お金	金銭感覚にシビア／必要な出費かをきちんと確認する／抜け目ない立ち回りで利益を出す

ラッキーアイテム＆アクション

Lucky color
ベージュ

安心感に包まれ、緊迫した場でも自然体の自分でいられます。

Power Stone
アズライト

ひらめきやアイディアが豊かに。ピンチに強くなる対応力も。

ソードのナイト
KNIGHT of SWORDS

勇猛果敢な言動が幸運を呼ぶ

甲冑（かっちゅう）に赤いマントをひるがせて、ソードを高く掲げながら白馬に乗って進む騎士が描かれています。このカードが出た時は、とにかくスピードと冷静さが勝負。気持ちが追いつくのを待っていたら、出遅れます。またこの騎士のように突進してくる人が現れるかもしれませんが、今はその人に巻き込まれても大丈夫です。

カードが示すメッセージ
Message

Keyword >>> スピーディーな展開

俊敏さ／判断力／挑戦／合理的／使命感／ヒーロー／全力で立ち向かう

現在・結果	勇敢に突き進む／スピーディーに行動するべき時／大きな決断が迫っている状況／次々と変化が起こりがちなタイミング	未来	素早い展開で成功を収める／動き出す絶好のタイミングが訪れる／根本から見直す出来事に直面する／相談のチャンス／白熱する議論
過去・原因	情に流されることなく冷静に判断する／目まぐるしく変わっていく／ケンカ腰な態度／エリート意識がある／闘志を燃やす	アドバイス	来るべきタイミングに備えて準備をしておく／絶好の機会を逃さないで／無駄を省いて効率よく／感情を持ち込まずに判断を
恋愛	突然の出会いや告白／急なプロポーズ／大胆なアプローチで急進展／リードされる恋	対人	あっという間に打ち解け合う／会話を楽しめる／急接近／人を見る目がさえる
仕事	テンポよく仕事を進められる／能力を発揮する／勇気ある行動や発言が成功につながる	お金	落ち着いて金銭計画を立てる／素早い判断で利益を上げる／貯金が目に見える形で増える

ラッキーアイテム＆アクション

Lucky color
サファイアブルー

心を落ち着ける深い青色。勉強や仕事にも集中できます。

Power Stone
タイガーアイ

洞察力やチャンスをつかむ行動力がアップ。仕事運や金運に◎

ソードのクイーン
QUEEN of SWORDS

厳しさと優しさが同居する人物

玉座に座った女王の右手にはソード、左手にはロザリオが掛けられています。垂直のソードは厳格さや規律を、差し出された手は相手を受け入れる優しさを表し、人生経験豊かな女性だからこそ厳しく、また慈悲深くなれるのです。静かで理知的な態度は周囲の尊敬を集めますが、批判し過ぎないことも大切です。

カードが示すメッセージ
Message

Keyword ››› 客観的な判断

厳格／聡明さ／孤独／思慮深い／意志の強さ／常識的／悲しみを知る人

現在／結果	鋭い観察力を駆使して相手を見極める／賢く立ち振る舞える／意思を貫きたくなる時／過去にとらわれ過ぎない／現実だけを見る	未来	自分と異なる意見を批判する／強い意志をもって考えを表明する／勉強を始める／関係を解消して一人になる／静かに考える
過去／原因	何事も生真面目にとらえる／異性を寄せつけない雰囲気をまとう／他人行儀／感情を表に出さないようにする／寂しさを抱える	アドバイス	回りくどい言い方はかえって誤解を生む／気持ちをストレートに伝える／個性を尊重して／一人の時間が必要／コミュニケーションを多めに
恋愛	相手の細かい部分が目につく／好きな相手への率直な意見で仲が深まる／隙のない女性	対人	公平な接し方／言うべき時にガツンと言える／誠実なつき合いをする／知的な会話
仕事	冷静で的確な仕事ぶり／融通が利かない／生真面目／他人の仕事への姿勢が気になる	お金	計画的に使う／自分のポリシーを大切にしたお金の貯め方／異変があればすぐに気づく

ラッキーアイテム＆アクション

 Lucky color
マゼンタ

愛情を象徴する色。華やかさや女性らしさを高めてくれます。

 Power Stone
ピンク
トルマリン

魅力を最大限に引き出し、愛され体質に。恋愛運アップ。

ソードのキング
KING of SWORDS

厳格で的確な判断を下す人

険しい表情で背の高い玉座に座る王は、右手にソードを持ち、射抜くような鋭い目で正面を見据えています。このカードが出た時は智力も権力も兼ね備えた王のように、判断力がさえて難題にも合理的に対処できることを示しています。感情が入り込む隙がなく、時には冷たい印象をもたれてしまうので注意しましょう。

カードが示すメッセージ
Message

Keyword ⟩⟩⟩ 自他に等しく厳しい

理性的／権威／決断力／客観的／公正／正しい判断／強力なリーダー

現在／結果	理性的で論理的なジャッジを下す／自信に満ちている／きっぱりと心に決めてから行動に移すべき／混乱した状態を制する	未来	白黒はっきりさせる／納得がいく決断をする／リーダーとして能力を発揮／正義のために戦う／言葉を武器にする／行動を起こす
過去／原因	感情を切り捨てられる／クールな頭で物事を観察する／不信感を抱かれている／的を射た分析が人を傷つける／ポーカーフェイス	アドバイス	何事も自信を持って進めて／心を鬼にして厳しく接することも相手のためになる／過去の経験を生かすとヒントが得られる
恋愛	情に流されず相手と冷静に向き合う／本質を見極めようとする／曖昧な関係に終止符	対人	対等に向き合えるよき相談相手／知的な人／現実主義者／ためになるアドバイス
仕事	難しい仕事にも正面からぶつかる／現実的に考えて判断する／対応力が試される	お金	資産運用に財テク情報やプロの知識を活用する／計画的な資金作り／一筋縄ではいかない

ラッキーアイテム＆アクション

 Lucky color
こはく
琥珀色

宝石の琥珀に由来する色。身につける人の品格を高めます。

 Power Stone
サファイア

強い意志が備わり、仕事運と人脈づくりをサポート！

ペンタクルのA
ACE of PENTACLES

物質的豊かさを得て新スタートを切る

五芒星が描かれたペンタクル（金貨）は、財力や財産など物質的な豊かさを象徴します。雲から出た手が大きなペンタクルを持ち、その下には美しく手入れされた庭が広がっています。これは転職の誘いや新しい人脈との出会いなど、より具体的な豊かさが舞い込む暗示で、成功する将来の可能性を示唆しています。

カードが示すメッセージ
Message

Keyword >>> 満足できる結果

成功／繁栄／願望がかなう／手応えがある／経済的安定／次なるステップ

現在／結果	長年温めていた計画を実行に移す時／社会的な成功を収めて富を手にする／臨時収入がある／ひと段落して再スタートを切る	未来	繁栄に向けて突き進む／これまでの努力が実を結ぶ／欲しいものを手に入れる／物質的な欲求を満たせる／安定した地位を確立する
過去／原因	計画に必要なお金や物質を十分に得る／現状に満足している／才能や人脈を生かせていない／欲求に気づかない	アドバイス	できることからコツコツ進めて／無理のない計画を立てる／前向きな考え方を大事にする／現状維持よりも心機一転改めるほうが吉
恋愛	恋が実り関係が安定する／幸福な一歩／マイホームや子どもなど結婚による富を築く	対人	経済的に安定した相手／上品な人／人脈が仕事につながる／信頼できる人間関係
仕事	待遇面で安定する／努力が実り地位のある人に認められる／将来大きな利益を生む仕事	お金	安定的に収入を得られる／金運財運がアップ／満足いく福利厚生／投資

ラッキーアイテム&アクション

Lucky color イエロー — 気持ちが明るく前向きに。目標に向かうエネルギーも活性化。

 Power Stone ブルートパーズ — 潜在能力を呼び起こし自己肯定感を高めます。向上心アップ。

ペンタクルの2
TWO of PENTACLES

バランスをとりながら進む

道化のような人物が、ペンタクルを両手でお手玉のように操っています。2つのペンタクルは、無限を意味するレムニスカートの中を永遠に動いているようです。大切なのは「必死さ」ではなく「楽しそう」なこと。仕事とプライベートのバランスをとり、さまざまな用件を上手にコントロールするのがポイントになります。

カードが示すメッセージ
Message

Keyword >>> 軽やかに操る

柔軟／器用／適応力／流動的／臨機応変／変化を繰り返す／楽しく取り組む

現在・結果	さまざまなシーンで最適な行動をとれる／その場に溶け込める／柔軟な対応／同時に2つのことができる／得意なことを生かしている	未来	適切なタイミングを計れる／うまく行動を起こす／やりたいことを思うままに進められる／好きなことをできる／場を味方につける
過去・原因	相手や状況に応じて自分を変える／バランスに優れている／器用に立ち回り過ぎている／人気頼みで後ろ盾がない／気の使い過ぎ	アドバイス	周りに対してサービス精神を出して／余裕をもって気楽に受け止める／その瞬間を大切に／気さくさが人を引きつける
恋愛	相手を楽しませるためのデート／アプローチや告白は臨機応変に／変化を楽しむ恋愛	対人	時間を忘れるほど盛り上がる会話／機転が利く人／楽しい交流ができる関係／対等な仲間
仕事	抜群の対応力で成果を上げる／状況を読んだ交渉／トラブルをうまく逃れる／同時進行	お金	ゲーム感覚でお金を得る／仕事を掛け持ちして稼ぐ／臨機応変な対応でピンチを乗り切る

ラッキーアイテム&アクション

 Lucky color
キャロット
オレンジ

活気や社交力にあふれ、ポジティブなパワーが全開に。

 Power Stone
ペリドット

新しい自分を見つけるパワーをアップさせてくれます。

ペンタクルの3
THREE of PENTACLES

地道な修行の末に体得した技術

黄色いエプロンをした職人が、設計図を手にした人たちと話し合いながら、教会の建築または修復をしている様子が描かれています。職人は地道な修行を積んで技術を磨き、この仕事を任されたようです。このカードはたゆまぬ努力は確実に実を結ぶこと、そして信頼を得て協力し合う仕事の尊さを示しています。

カードが示すメッセージ
Message

Keyword ››› 努力が実を結ぶ

着実／熟練／向上心／技術を磨く／信頼を得る／力を尽くす／協力関係

現在・結果	少しずつでも着実に努力を重ねる／チャンスが巡ってくる／抜擢される／周囲と連携して取り組む／努力が経験として生きる／計画性	未来	努力が目に見える形に／念願の成果を上げる／飛躍のきっかけになる／才能が認められる／一流の仲間入り／新しいプランが完成
過去・原因	ステップアップのための目標設定／高い志を抱いて技術を学ぶ／細部まで妥協を許さない／こだわりが強過ぎる／理想が高い	アドバイス	プロセスを守る／自分流では成長を見込めない／必要な資格を取っておく／小さな努力でも続けることが大切／実力を信じる
恋愛	友情が恋心に変わる／少しずつ互いの距離が縮まっていく／恋の相手から学ぶことが多い	対人	誠実な向き合い方／コミュニケーションを重ねる／他分野同士で協力し合える関係
仕事	地味な仕事ばかりでも腐らない／大抜擢／実力が評価される／昇進や昇格の可能性	お金	少額でも貯金を続けることが大切／金運が徐々に上がる／努力によって手にする報酬

ラッキーアイテム＆アクション

 Lucky color
ワインレッド
深みがある色みが信頼度を底上げ。情熱とエネルギーがアップ。

 Power Stone
アズライト
ひらめきやアイディアが豊かに。ピンチに強くなる対応力も。

ペンタクルの4
FOUR of PENTACLES

手に入れた次は、手放すことも大切

4枚のペンタクルをしっかりと抱え込み、「絶対に離さない」という男性の心の声が聞こえてきそうです。人も物もお金も循環させることが発展につながるもの。強過ぎる執着心や保身は自分の足を引っ張ります。これは自分の財産や所有するものを守り、その安定を元に次のステップへ進むことを提案しているのです。

カードが示すメッセージ
Message

Keyword >>> 豊かさへの執着心

所有／こだわり／経済力／独占欲／安定／守りの姿勢／変化を嫌う

現在・結果	手堅い方法で欲しいものを得る／失わないように懸命に守ろうとする／自分のものを奪われるのではとおびえる／利益に強い執着をもつ	未来	持ち続けたいという強い意志／絶対に手放さないように尽くす／現状維持／経済的に安定してくる／厳しい倹約を課した生活
過去・原因	欲しいものを手に入れたいと願う／すでに手にしているものをもて余している／有効活用できていない／変化を望まず現状にしがみつく	アドバイス	物欲を満たしても根本の解決にはならない／価値は心の豊かさに比例する／焦らない／人とわかり合うことで本当の喜びを感じる
恋愛	生活が安定する結婚／気持ちがしっかりと伝わる／満たされる恋／ゆるぎない関係／同棲	対人	業界の大物との縁／相手との間に結ばれた絆が今後も長く続く／信頼関係
仕事	自分の仕事を自分だけでやり抜く／業務が採算ベースに乗る／堅実な計画／安定期に突入	お金	稼いだお金を自分のためだけに使う／堅実な方法でお金を増やす／築いた財産を維持

ラッキーアイテム＆アクション

Lucky color
マロンブラウン

赤みが強い茶色は、粘り強さの中に芯の強さも備わります。

Power Stone
アンバー

高ぶった感情をコントロールし、精神を安定させます。

ペンタクルの5
FIVE of PENTACLES

経済的・精神的な行き詰まり

ボロボロの服の女性と怪我をして松葉杖をつく男性が、雪の中を裸足で歩いています。困窮さと悲壮感が漂う絵柄ですが、後ろの教会に助けを求めれば援助が得られる可能性や、助け合う二人の絆も暗示するカードです。仕事や人間関係に行き詰まるかもしれませんが、視野を広く持てば解決策が見つかるはずです。

カードが示すメッセージ
Message

Keyword >>> 絶望の中の光

喪失／経済的な貧しさ／不安／不健康／卑屈／孤立無縁／苦しみの共有

現在／結果	あらゆる方面で行き詰まりを感じる／困難が訪れ八方塞りになる／救いを求められない／金銭面でも見通しが立たず悩む	未来	不安がやがて絶望感に変わる／苦境に立たされる／間が悪い／目当てのものが手に入らない／気持ちにゆとりがなくなる
過去／原因	お金がなくて立ち行かなくなる／心身を気遣うことができずに健康を損なう／信頼できる相手がいない／居場所のなさを実感する	アドバイス	今あるものに対してきちんと感謝をする／自分をさげすむのはやめて／助けが必要なら素直に求める／救いは意外と近くにある
恋愛	恋人に別れを告げられる／絶望感に包まれる／結婚生活の破たん／離婚して慰謝料を払う	対人	頼りにしていた相手が去る／共依存関係になる／人のせいで大きな損害を被る
仕事	勤め先が倒産する／解雇／経営破たん／面倒なことを任される／大きな被害や損失	お金	株や投資で失敗し瞬時に大金を失う／自力での生活が困難になる／貧しさを実感する

ラッキーアイテム＆アクション

 Lucky color
トープ

心と体をリラックスさせ、落ち着きと冷静さを取り戻します。

 Power Stone
チャロアイト

コンプレックスやネガティブ思考の克服をサポート。

ペンタクルの6

SIX of PENTACLES

必要分を公平に分け与える難しさ

商人のような人が、ひざまずく男性たちに金貨を与えています。天秤で量っていることから、公正かつ公平に配分をしていることがわかります。このカードはあなたが持つものを必要な分だけ分け与える、誰かを助けることを示唆しています。しかし上下関係を感じさせずに人に与えるのは、実は難しいことなのです。

カードが示すメッセージ

Message

Keyword >>> 対等な関係を保つ

平等／分け合う／援助／貢献／雇用関係／親切心／精神的余裕／サポート

現在／結果	心にゆとりがある時期／努力が報われて希望が通る／人に何かを分け与えることでチャンスを得られる／物事をじっくり考える時	未来	努力の分だけ対価を得られる／親切心をありのまま受け入れてもらえる／取り引きが滞りなく進む／見返りとして贈り物をもらう
過去／原因	並大抵の努力では報われない／思いやりや優しさに前例がなく警戒されてしまう／他人の善意を素直に受け止められない	アドバイス	表面上の損得に縛られないで／精神的な充実に目を向ける／寛大さを大切に／助け合いを意識する／ボランティア活動をする
恋愛	対等な恋愛／尽くすことで幸せを感じる／喜ばせたいと思う／うれしい贈り物／結婚	対人	持ちつ持たれつの関係／誰に対しても平等に接する／必要に応じてお互いに協力し合う
仕事	真剣な取り組みの甲斐あって昇進する／実績が認められる／希望のポストに就く	お金	希望通りの金額を受け取れる／今の自分にふさわしい収入／値段に見合った商品の購入

ラッキーアイテム＆アクション

Lucky color
山吹色

心を穏やかにし、精神面も安定。豊かさの象徴。金運にも◎

Power Stone
ブルーレースアゲート

実のある縁に恵まれ、対人関係のストレスがなくなります。

ペンタクルの7

SEVEN of PENTACLES

自分の内なる声に耳を傾ける

作物が実るように木になったペンタクルを、鍬(くわ)にもたれた男性が眺めています。このカードは自分の努力や労働の結果を見極め、次に向かう時であることを示しています。この収穫に満足してモチベーションを高めるのも、落胆して次の手を思案するのも、それとも諦めて別の道を選ぶのも、すべて自分の考え方次第です。

カードが示すメッセージ
Message

Keyword >>> 成果と向き合う

節目／評価／もの足りなさ／結果が不満／成果を見極める／成長を見守る

現在／結果	報酬を得るが期待していたよりも少ない／結果に満足できない／状況を見直す必要がある／結果をふまえて将来を見据える時	未来	不満を抱くも解決策が思い浮かばない／限界を感じる／着実にステップアップする／分岐点の訪れ／戦略を練るために一時休戦
過去／原因	予想を裏切る報酬に落ち込む／何かしらのミスに結果が引っ張られている／応用が利かない／休みなく働くことで精度が下がっている	アドバイス	大幅な変化は必要ない／軌道修正するには今のやり方にひと工夫するだけ／すぐに諦めない／時間がかかっても待ち続ける
恋愛	告白後も返事がなく曖昧な関係／デートがつまらない／理想と現実のギャップに悩む	対人	不当な扱いを受ける／互いの長所を指摘し合う／関係に限界を感じる
仕事	努力以上の結果は得られず納得できない／まあまあの成果／戦略や考えが足りない	お金	報酬は多いが満足できない／もっともらえるはずだった利益を得られない／伸びしろはある

ラッキーアイテム&アクション

 Lucky color
ミントグリーン
ストレスを癒やし、フレッシュな気持ちで物事が始められます。

 Power Stone
スギライト
迷いが解決し、ありのままの自分や他人を受け入れられる心に。

ペンタクルの8

EIGHT of PENTACLES

地道な勉強が実を結ぶ

職人のような男性が、街から離れた静かな場所で懸命にペンタクルを彫っています。これは地道に研究や学問に励むことで確かな技術を身につけ、やがて一人前と認められること、また実直に経験を積み重ねることで周囲を納得させられることを示しています。時には脇目も振らず、目の前のタスクに集中することも必要です。

カードが示すメッセージ

Message

Keyword >>> 勤勉さが評価される

専門性／努力／真面目／技術を身につける／熱中する／修行／準備をする

現在・結果	なかなか結果が出なくても努力は怠らない／自分磨きを始めるタイミング／目の前のことに集中する／突き詰めてこだわる時期	未来	やがて結果がついてくるようになる／成果を挙げられる／よき師と巡り合う／努力の末の成功／恵みを得られる／資格や技能の習得
過去・原因	コツコツ地道な努力を重ねる／一心不乱／結果が出るまでに時間がかかることをしている／腐らず続けていく／技術習得の途中	アドバイス	失敗を恐れない精神／反復することが大切／丁寧な対応が将来的に有利になる／独学ではなく正しい知識を学ぶべき
恋愛	時間をかけて距離を縮める／さりげない気遣いとまめな連絡が大事／やがて両想いに	対人	時間をかけて向き合い理解を得る／正直で誠実な態度／レスポンスが早い／悪気はない人
仕事	目標の仕事に生かすための技能を習得／予習復習をきちんと行う／いずれは才能が花開く	お金	欲しいものを買うための貯金／長期預金が最高額に達する／技術や知識が報酬につながる

ラッキーアイテム＆アクション

Lucky color
オフホワイト

温かみと落ち着きをもたらし、心に余裕が生まれます。

Power Stone
カーネリアン

冷静かつ的確な判断力が備わり、正しい方向に導いてくれます。

ペンタクルの9

NINE of PENTACLES

支援者の出現で目標が達成できる

美しいドレスを着た女性が、鳥を手に庭園を散策しています。彼女の優雅な身のこなしやブドウの実が一面に実っていることから、経済的な豊かさや成功者であることが伺えます。このカードが出た時は、これまでの努力や才能が認められる、確かな後ろ盾が現れるなど、周囲の応援が得られることを示しています。

カードが示すメッセージ

Message

Keyword >>> チャンスをつかむ

支援／出世／魅力的／気に入られる／豊かな暮らし／年長者にかわいがられる

現在／結果	思いがけず目をかけられる／ワンランク上のステージに進む／予想しなかった援助を得られる／恵みを受ける／努力が報われる	未来	活躍の場を与えられ成功する／権力をもつ人との出会い／恋人ができる／サポーターに支えられて独立する／才能を生かせる状況に
過去／原因	これまでの実績が認められる／協力者の存在が足を引っ張る／自信にあふれた態度が生意気である／反感を買っている／成功への嫉妬	アドバイス	人からの援助はありがたく受け取る／ひいきされるのも実力のうち／自分が輝く見せ方を追及して／活躍のチャンスを逃さないで
恋愛	告白やプロポーズを受ける／恋愛成就／恋人の家族に気に入られる／玉の輿に乗る	対人	人望が厚く優れた才能をもつ友達／周囲からの応援がある／引き立ててくれる存在の出現
仕事	才能を買われてチャンスをつかむ／強力なバックアップを得る／独立企業する	お金	スムーズに資金調達できる／金欠アピールが功を奏す／もうけるチャンスがやってくる

ラッキーアイテム&アクション

Lucky color
ラベンダー

人の心を穏やかにする代表カラー。感受性も高まります。

Power Stone
ラピスラズリ

目に見えないマイナスエネルギーから守ってくれます。

ペンタクルの10

TEN of PENTACLES

絶え間なくつながる命と豊かさの鎖

老人と中年期の人たち、子どもやイヌが大きな屋敷で一堂に会し、くつろぐ姿が描かれています。そして10のペンタクルが「生命の樹」をかたどって置かれています。このカードは豊かさ、幸福感、愛情、繁栄といった人生の集大成が描かれ、それらを親から子、子から孫へと継承していくことを示しているようです。

カードが示すメッセージ

Message

Keyword >>> 受け継がれるもの

継承／循環／幸福／繁栄／家族だんらん／集大成／責任／世界が完成する

現在・結果	物質的に恵まれた生活を送る／受け継いだ財産で発展していく気配／伝統や文化を大切にすべき状況／相続や継承の兆し	未来	家が繁栄し財産を譲り渡す／世代交代／大役を任される／家族が増える／財産を得て生活が豊かになる／資産運用が必要になる
過去／原因	成功を収め優雅な暮らしを手に入れる／身も心も満たされる／現状を維持すれば安全という思い込み／規則にこだわり過ぎている	アドバイス	与えられた役目をまっとうする／世間一般レベルの幸せを目指して／形式を大切に／宝の持ち腐れにならないように注意
恋愛	申し分ない条件の相手／家族への紹介／何不自由のない結婚生活／子宝に恵まれる	対人	強い結束で結ばれた仲間／友達から宝物を譲り受ける／人脈を通じて金運が開かれる
仕事	プロジェクトを成功させて昇進する／格式ある企業／一丸となって会社を繁栄させる	お金	株や投資で成功する／資産運用がうまくいく／遺産を受け継ぐ／持ち家での豊かな暮らし

ラッキーアイテム&アクション

Lucky color
イエロー
ゴールド

豊かさや幸福感を感じられ、自信がアップ。最強の金運色。

Power Stone
ひすい
翡翠

努力が実り、目標を達成させるパワーをもたらします。

ペンタクルのペイジ
PAGE of PENTACLES

無限の可能性を秘めた若者

緑豊かな平原で、青年がペンタクルを両手に掲げて一心に見つめています。周囲がまったく目に入らない様子は、集中力の高さや真面目さを物語っています。今はまだ若さや経験不足から大きな役割は任されないかもしれませんが、近い将来、この勤勉さが評価されるでしょう。陰の努力は、必ず誰かが見ています。

カードが示すメッセージ
Message

Keyword >>> 学びを力にする

熱心／探究心／実力をつける／一途な気持ち／研究／向上心／働き者

現在／結果	時間をかけて積み重ねる時期／じっくりと向き合うことが必要／何かを学ぶタイミング／今の努力が未来での強みになる	未来	勤勉さが評価につながる／真面目な働きで成功を収める／希望の進路に進む／目標に向かって着実に歩みを進める／知識や技量を深める
過去／原因	しっかり学んで実力を磨く／真面目さが裏目に出てしまう／人のマイナス面ばかりが目につく／何かと細かい／加減ができない	アドバイス	結果を急がずじっくりを時間をかける／努力で未来に種をまく／挑戦するよりも安定した道を選ぶ／自分のペースを崩さない
恋愛	ゆるやかに育む恋／誠実な向き合い方がカギ／会う頻度が増える／片思いが成就する	対人	真心をもって接する／時間をかけて信頼関係を築く／少しずつ温まる友情／親友ができる
仕事	向上心をもって取り組む／これからの活躍に期待される／勤勉さが出世に拍車をかける	お金	やりくり上手／管理に余念がない／働きに応じた報酬を得られる／堅実な金銭感覚

ラッキーアイテム＆アクション

 Lucky color
ブラウン

緊張を和らげ、信頼感と落ちつきを与えます。仕事運アップ。

 Power Stone
シトリン

プレッシャーに勝つ強い心をサポート。不安の解消に。

ペンタクルのナイト
KNIGHT of PENTACLES

不屈の精神で着実に結果を出す

黒馬に乗った騎士がペンタクルを掲げ、遠くを見つめています。黒馬は止まっているようにも見え、そのどっしりした安定感は騎士の堅実さや辛抱強さを表すかのようです。このカードは、歩みは遅いものの時間をかけて着実に進むことを示しています。華やかな脚光は浴びなくても、その成果は高く評価されるでしょう。

カードが示すメッセージ
Message

Keyword >>> 一歩ずつ前に進む

地道／勤勉／慎重／責任感／働き者／粘り腰／忍耐強い／長期的な視点

現在・結果	責任をもって前進を決意する／粘り強く着実に進む／1つのことに集中すべき時／努力が必要になる／強い精神力で臨む	未来	耐え忍ぶことで光が見える／地道な努力で目標を達成する／納得できる状況になる／周囲の信頼を獲得する／念願かなってやり遂げる
過去・原因	現状をしっかり把握したうえで冷静に判断する／強過ぎる責任感／頑張り過ぎている／度が過ぎた働きぶり／忠誠心が裏目に出る	アドバイス	努力を積み重ねる／少しずつでも確実に結果を出せる方法を選ぶ／成功を思い描いてモチベーションを保って
恋愛	シャイな相手／アプローチができない／耐え抜いた結果恋が実る／関係の進展を恐れる	対人	信頼に足る相手／責任感を持って真摯に対応する／励みになる関係／確固たる絆を結ぶ
仕事	長期的な仕事にも根気よく取り組む／確かな能力が身につく／しっかりと計画を立てる	お金	少額をコツコツ貯める／お金を大切にする／十分に貯める／手堅い方法で利益を上げる

ラッキーアイテム&アクション

Lucky color
マスタード
イエロー

身につけるだけで気持ちも明るく、行動的になれます。

Power Stone
レモンクォーツ

繁栄・豊穣の石。人望が集まり、金運が好転します。

ペンタクルのクイーン
QUEEN of PENTACLES

自分のことよりも周囲を優先する時

豪華な玉座に座った女王が、大事そうに膝に乗せたペンタクルをじっと見つめています。すべてを受け入れて現実的な着地点を見出そうとする彼女が象徴しているのは、堅実で温かな母のような存在。今は自分のことよりも人に尽くし、周囲を癒やす存在になることを心がけて。その行いは、いずれ自分に戻ってきます。

カードが示すメッセージ
Message

Keyword >>> 温かく包み込む

寛容／見守る／勤勉／現実的／包容力／共感する／生産性／援助／誠実さ

現在／結果	安定的な運気の訪れ／快適な状態で何かを築き上げるタイミング／人を育てる時／自分の世界を失わないように必死になる	未来	保守的な考え方で行動する／環境が整う／アシスタントが現れる／目指していたことが形になる／物質的な豊かさを得られる予感
過去／原因	気前のよさが思わぬ結果を招く／そつなくこなす様子が反感を買う／周りからひがまれる／守るべきものを見つける／アピール不足	アドバイス	まずは形から入ること／準備は万全に整える／たくさんの知識と教養を取り込む／何事にも動じない精神力を鍛える／経験を積む
恋愛	正式なパートナー／結婚前提の交際／勤勉で穏やかな恋／気の利く相手／結婚で得をする	対人	隠し事がない関係／助け合い応援し合う関係／人の力になる／固い友情の絆が結ばれる
仕事	部下を育てる才能がある／協力し合う環境で能力を発揮する／確実に実績を残す	お金	無駄のない使い方／地道に貯金を増やす／リスクを避けられる／手堅い方法で利益を得る

ラッキーアイテム&アクション

Lucky color
ベージュピンク

人に対して愛情や思いやりが生まれ、自然と心が穏やかに。

Power Stone
ストロベリークォーツ

明るく若々しく、女性らしい雰囲気が増して魅力アップ。

ペンタクルのキング
KING of PENTACLES

物質的豊かさの高みを極める

雄牛が施された立派な玉座に座る王が、右に玉笏、左にペンタクルを持って座っています。豪華で風格の漂う様子は、彼が社会的・経済的成功を収め、人々を率いる立場にいることを示しています。これは大きな仕事やリーダーを任されるなど、周囲に頼られる兆しです。あくまでも謙虚に取り組むことを心がけて。

カードが示すメッセージ
Message

Keyword >>> 財力と権力

成功／プライド／実績／統率力／結果を出す／経済的安定／社会的地位

現在／結果	ベストな行動を取って成功を成し遂げる／結果を見込める／あせらずじっくり取り組むべき時／豊かさを手にする兆し	未来	確固たる地位を築く／富と権力を手にする／きちんと成果を挙げる／実力に見合った報酬やポジションを得る／社会に貢献できる
過去／原因	現実的思考をもつ／威圧的な言動／過程を重要視していない／結果ばかりを見る／周りをコントロールしようとする	アドバイス	自分の考えを信じて動いてOK／やるからには成功を目指す／途中で投げ出さない／周りの力を借りる／協力者に感謝する
恋愛	長続きする関係／包容力があり頼もしさを感じる相手／繁栄と幸せが約束された恋	対人	信頼のおける相手／皆をまとめる立場や地位につく／金銭面でのサポーターを得る
仕事	やり手の経営者／利益を上げて成功／業界の頂点に立つ／一代で名を成す／高い技術力	お金	資産家になる／財産を築く／応用が利く／地位の向上に伴い財産が増加／金運アップ

ラッキーアイテム＆アクション

Lucky color
あずき色

ハレの日に食べられてきたあずき。悪いことから身を守ります。

Power Stone
アンバー

高ぶった感情をコントロールして精神を安定させてくれます。

小アルカナが表すもの

小アルカナには、数字が意味をもつヌーメラルカードと、
人物が意味をもつコートカードがあります。
それぞれの数字・人物を知っておくと、より理解が深まります。

数字（ヌーメラルカード）

ヌーメラルカードでは、それぞれのスート（シンボル）がカード番号の数に
合わせた個数描かれています。数字の意味と特徴を見ていきましょう。

A（エース）

**あらゆる物事の
始まり**

雲の中から突き出た手が、
それぞれのスートを差し出
し、物事がスタートする純
粋で強いエネルギーを表し
ています。

 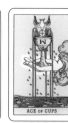  

ワンドのA　　　カップのA　　　ソードのA　　　ペンタクルのA

2

**2つに分かれ
選択する**

Aで始まった物語が、2つ
に分かれます。男女、善悪、
白黒など相対するものを表
し、迷いや悩み、選択の必
要性を表します。

ワンドの2　　　カップの2　　　ソードの2　　　ペンタクルの2

3

最初に現れる形

［3］は2つのものに何かが
加わり、調和することを意
味する数字です。スートの
エネルギーから、新たなも
のが生まれます。

ワンドの3　　　カップの3　　　ソードの3　　　ペンタクルの3

4

世界安定の
バランス

［4］は世界が安定し、秩序やバランスがとれている状態を表す数字です。物語は終わりませんが、ここで一度区切りがつきます。

ワンドの4　　カップの4　　ソードの4　　ペンタクルの4

5

崩壊や変換など
分岐点

［4］で安定した世界が崩され、再び大きな変換を迎えます。次の段階に向かう前に、ここで一度混乱や変化が訪れます。

ワンドの5　　カップの5　　ソードの5　　ペンタクルの5

6

調和の中の対比

［6］は古くから調和の意味をもつ数字ですが、同時に対比やアンバランスさ、片方の人物の優位性もカードに描かれています。

ワンドの6　　カップの6　　ソードの6　　ペンタクルの6

7

過去を
見直すとき

［6］で調和した状態で停滞せず、行動を起こそうとしています。これまでのことを振り返り、見直して次に生かすことが求められます。

ワンドの7　　カップの7　　ソードの7　　ペンタクルの7

小アルカナの意味は「スート×数（人物）」

小アルカナは4つのスートからなり、そこからさらにA〜10の数と4人の人物に分かれる形で構成されています。つまり小アルカナの意味は、スートの意味に、数（または人物）の意味をかけ合わせたものと考えればよいのです。例えば［ワンドの2］なら、ワンドの「情熱・行動力」と2「分岐・選択」をかけ合わせて、目的とする行動における分岐点などと解釈できます。

ワンドの2

ワンド　情熱・行動力

×

2　分岐・選択

⇩

目的とする行動における分岐点

8

次の段階へ進む

［8］は四大元素の4の倍数で、物質的・現実的なものを示す数字。繁栄や新たな可能性に向けて、次の段階へ進み変化する時です。

ワンドの8　　カップの8　　ソードの8　　ペンタクルの8

9

完成直前の円熟期

最終的な完成の一歩手前まで到達していることを示します。精神的にも円熟し、これまでを総括的にとらえる段階にきています。

ワンドの9　　カップの9　　ソードの9　　ペンタクルの9

10

スートの物語の完成

1〜9までの物語が完成し、結果が現れます。しかし一度完結したかに見えるストーリーには、新たな始まりが待っているのです。

ワンドの10　　カップの10　　ソードの10　　ペンタクルの10

人物

コートカードでは各キャラクターが、それぞれのスートを持つ姿が描かれています。
絵柄から感じる印象やインスピレーションも解釈に取り入れましょう。

ペイジ

**経験不足だが、
純粋な騎士見習いの若者**

ペイジは男女を問わず未成年や子どもを表します。経験は少なく未熟ですが、純粋でエネルギーにあふれ可能性を感じさせる人物です。

ワンドのペイジ　　カップのペイジ　　ソードのペイジ　　ペンタクルのペイジ

ナイト

**賢く行動的で理想主義の、
美しい青年騎士**

ナイトは若い青年を指し、積極的でスピーディーに行動するヒーロー的存在です。彼が操るウマの様子も解釈のヒントになります。

ワンドのナイト　　カップのナイト　　ソードのナイト　　ペンタクルのナイト

クイーン

**穏やかで成熟した、
包容力のある大人の女王**

クイーンは女性全般と、女性的な優しい男性を表す場合も。愛情豊かで包容力があり、聡明で落ち着いた女性を象徴しています。

ワンドのクイーン　　カップのクイーン　　ソードのクイーン　　ペンタクルのクイーン

キング

**自信と威厳に満ちた、
パワフルな王**

キングは社会的地位のある大人の男性を表します。責任感や自信、経済力もあり、周囲を引っ張っていくリーダー的存在です。

ワンドのキング　　カップのキング　　ソードのキング　　ペンタクルのキング

カードの絵柄が表すもの

タロットカードの絵柄に注目すると、カードの意味も覚えやすくなります。
ここでは色や背景に込められた意味の一部を、例とともに紹介します。

色

カードに描かれる「色」は、解釈する際の重要なポイントになります。
ここでは色が表す心象やイメージに注目してみましょう。

レッド

生命の象徴であるレッドは、情熱・愛情・積
極性・欲望・強い気持ち・男性性を表します。

例 ▶ 皇帝、教皇、正義、カップの3、
　　　ワンドの2、ペンタクルの6

オレンジ

赤と黄色をかけ合わせるオレンジは、意欲・
パワフルさ・能動的エネルギーを表します。

例 ▶ 皇帝、太陽、ワンドのペイジ、
　　　ワンドのナイト、ペンタクルの2

イエロー

太陽や光を象徴するイエローは、幸福・豊かさ・
実り・成長・金運・物事の好転を表します。

例 ▶ 愚者、力、ワンドの4、ワンドのコート、
　　　カップの9、ペンタクルのペイジ

グリーン

植物で描かれることの多いグリーンは、成長・
可能性・生命力・若さ・希望を表します。

例 ▶ 星、月、カップの4、ワンドの7、
　　　ワンドの8、ペンタクルのペイジ

ブルー

高い精神性を示す青は、知性・穏やかさ・冷静さ・神秘性・人の内面を表します。

例 ▶ 女教皇、節制、星、世界、
　　カップのキング、ソードのナイト

パープル

赤と青をかけ合わせるパープルは高貴な色として用いられ、崇高さ・気高さを表します。

例 ▶ 恋人、カップのクイーン、
　　ソードのキング、ペンタクルのクイーン

ブラウン

大地を象徴するブラウンは、安定感・揺るぎない信頼・豊穣・謙虚さなどを表します。

例 ▶ ワンドの 10、カップの 2、
　　カップの 10、ペンタクルの 8

ホワイト

神聖さを象徴するホワイトは、無垢・純粋さ・汚れのなさ・物事の始まりを表します。

例 ▶ 節制、審判、カップの A、
　　ソードのペイジ、ペンタクルの A

グレー

宇宙の神秘を表すグレーは、不安感・神秘・移行途中・どちらでもない状態を表します。

例 ▶ 教皇、隠者、吊るされた男、死神、
　　ワンドの 2、ソードの 3

ブラック

闇を連想させるブラックは、心の中の欲望・秘密・終わりを表します。

例 ▶ 悪魔、塔、カップの 5、ソードの 9、
　　ソードの 10

背景・さまざまなアイテム

タロットに描かれるさまざまなアイテムにも、
読み解きのヒントが数多く隠されています。
登場する自然や人物などに注目して意味を考えましょう。

自然に関するもの

空・天気

太陽や虹、晴れた空は、成功や幸せ、明るい未来を象徴しています。雲の多い空は先行き不透明な状態、雪は厳しさを示します。雨は浄化と同時に、悲しみを暗示することも。

- - - - - - - - - - - - - - - - - -

例 ▶ 太陽、カップの7、
カップの10、
ソードのペイジ、
ソードのナイト

水辺

波が穏やかな海なら冷静で穏やかな状態、荒波なら不安定さを表します。川のせせらぎは、浄化やコミュニケーションの象徴。池などの水辺は、深層心理や無意識を意味します。

- - - - - - - - - - - - - - - - - -

例 ▶ 愚者、月、星、
ソードの2、
ソードの6、
ペンタクルの2

植物

赤いバラは情熱や愛情、白いバラは純潔や尊敬を、ヒマワリは生命力、ブドウは実りや豊穣を象徴しています。希望を表すアイリスは、ギリシャ神話のシンボルでもあります。

- - - - - - - - - - - - - - - - - -

例 ▶ 魔術師、女教皇、
カップの3、
ワンドのクイーン、
ペンタクルのキング

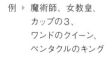

動物

人として解釈されることもある動物。イヌは仲間、ライオンはパワー、牡牛は繁栄や男性性を象徴しています。ウマは生命力やエネルギーを示し、特に白馬は神聖さを表します。

- - - - - - - - - - - - - - - - - -

例 ▶ 力、月、世界、
カップのナイト、
ペンタクルの10、
ペンタクルのナイト

人物に関するもの

身につけているもの

例えばワンド7の男性は慌てていたのか、右と左で違う靴を履いています。またワンドのペイジと愚者の帽子には同じ赤い羽がついており、純粋な人物を表しているようです。

例 ▶ 隠者、吊るされた男、
　　　ワンドの7、
　　　ワンドのペイジ

表情

険しい表情や悲しげな表情など、人物の内面をそのまま投影していることも多いですが、例えば吊るされた男のように苦しい状況での明るい表情は、幸せな未来が期待できることも。

例 ▶ 吊るされた男、
　　　隠者、塔、ソードの5、
　　　ソードの9

持ち物

剣は知恵や力、懲罰の象徴。隠者が持つランプは、人を導く役割があるようです。杖や棒はワンドにも象徴される原始的道具で、武器や知恵も表します。

例 ▶ 愚者、隠者、正義、
　　　世界、ワンドの2

服の柄

愚者のアサガオは出発を暗示し、ザクロは女性性を強調。豊かさを表したい時はブドウなど、服の柄にもさまざまな意味が込められています。

例 ▶ 愚者、女教皇、
　　　カップのペイジ、
　　　ペンタクルの9

その他

十字架

アンク十字やギリシャ十字などの形が登場し、生命や救済、教皇などの象徴です。

例 ▶ 女教皇、皇帝、教皇、
　　　吊るされた男、審判

建物

物質的価値観や現実世界を表します。特に門や柱は世界を分けるものとして描かれます。

例 ▶ 女教皇、正義、塔、
　　　ペンタクルの3

図形

四角は方位や安定、三角は調和を表します。円は完全性、8の字のマークは永遠の象徴です。

例 ▶ 魔術師、正義、節制、
　　　ペンタクルの4

船

新たな出発や旅、航海、また魂があの世へ旅立つことを象徴することもあります。

例 ▶ 死神、審判、
　　　ソードの6

人物の向き

正面

目の前の問題にしっかり取り組もうとする姿勢が表れています。また感情などに流されず、自分の考えがあることを示します。

例 ▶ 女教皇、皇帝、教皇、戦車、正義、ソードのキング

横向き

違った側面から課題に取り組んでいることを示します。左向きは過去や無意識、右は未来や意識を象徴するともいわれます。

例 ▶ 愚者、隠者、死神、ワンドの6、ワンドのペイジ

後ろ向き

自分の課題から目をそらしている、または目に入っていない状態。絵柄によっては次のステップに進もうとしていることを示します。

例 ▶ ワンドの3、ワンドの10、カップの8、ソードの6

人物の数

1人

1人の場合は占った人を表していると考えられます。状況説明か忠告か、それとも暗示か、悩みや占うテーマで解釈しましょう。

例 ▶ 魔術師、節制、星、ワンドの2、ペンタクルのペイジ

2人以上

自分が誰に投影されているかを判断する必要がありますが、最初にカードを見た時の印象を大切に読み解くとよいでしょう。

例 ▶ 教皇、審判、ワンドの5、カップの2、ペンタクルの3

0人

人が描かれていない場合は、状況を抽象的・空間的に表しているのかもしれません。全体的な運気の流れとしてとらえましょう。

例 ▶ 運命の輪、月、ワンドのA、ワンドの8

4 章

タロットカードを
深める知識

ゲームカードが起源とされるタロットが
神秘的なカードとなるまでの歴史や
使われる用語について学びましょう。

長い歴史をもち
的中率の高いタロット占い

心を映す鏡とされるタロット占いですが、タロットカードにはどのような力が
あるのでしょうか。タロット占いの基本的な考え方を身につけましょう。

心を映し未来を伝える
神秘的な占い

　タロット占いは、大アルカナ22枚、小アルカナ56枚の計78枚のタロットカードを使用する占いです。カードは15世紀には成立していたとされ、英知と伝統に基づいた神秘思想の概念が込められたツールとして伝わりました。選んだカードから今必要とされているメッセージを受け取れるのはとても神秘的なこと。それは、あなたの心の中をカードが読み取り、真実を伝えようとしているともいえるでしょう。思い悩んだ時、タロット占いはあなたの行く末を明るく照らしてくれます。

繰り返すことで
的中率が高まる

　タロット占いはたくさんの占いのなかでも特に的中率が高いとされますが、特別な能力は必要ありません。誰でも簡単に占えます。また、続けるうちに占い方や解釈の方法が身につき、不思議なくらい当たるようになっていくのです。タロットカード自体が無意識の自我や宇宙からのメッセージを受け取るように構成されているため、的中率が高いともされています。カードと占者の力によって的確な答えが導き出されることがタロット占いの真価なのです。

偶然性を利用する
「卜術」のひとつ

　世の中には、さまざまな占いがあります。生年月日などの情報をもとに占う「命術」、人相や手相などの形をもとに占う「相術」、そして、偶然の事象を使いながら占う「卜術」です。「卜術」は、弥生時代の卑弥呼が得意とされていました。タロット占いも、おみくじのように偶然出てきたカードを読み取る占いのため、「卜術」のひとつとされています。情報がなくても、顔や手を見なくても、タロットカードさえあれば、いつでもどこでも気軽に占うことができます。

いつでも
どこでも

大アルカナのカードと占星術は関係があるの？

ルネサンス期の西ヨーロッパでは占星術が流行しており、12星座と10個の惑星がタロットカードの大アルカナに対応していると考えられるようになりました。例えば、［魔術師］は水星、［皇帝］は牡牛座と対応し、それぞれキーワードがあります。詳しくはp.201を参考にしてください。

タロット占いが当たるのはなぜ？

タロット占いは、シャッフルしたデッキの中から無作為にカードを選び、その組み合わせから答えを導き出すもの。偶然選ばれたカードから、あなたや占われる人にとって意味があったり、人生の助けになったりするアドバイスが出てきます。それは、カードのデッキ構成がユダヤ神秘主義でいう「生命の樹」と対応し、この世の神羅万象を解き明かすようにつくられているのが理由といわれています。

また、自分自身の意識や宇宙の流れ、占う側の意識が重なることによって、シンクロニシティという〝意味のある偶然〟が生まれることも、タロット占いが当たるといわれるゆえんなのかもしれません。

タロット占いの結果の受け止め方

タロット占いは、カードによって怖さを感じる結果が出ることもあります。しかし、例え「未来」や「結果」に悪いニュアンスのカードが出たとしても、それは、あくまで「今のまま進んだ場合の結果」にすぎません。また、スプレッド全体を読み取るうちに、避けたい未来を現実化させないためのアドバイスが出ていることに気づくでしょう。そのアドバイスを取り入れることで、未来や結果はおのずと変わっていきます。例え、自分の望んだ未来がかなわないという結果が出たとしても、それはまた別のふさわしい道を示している可能性も。結果に一喜一憂することなく、今受け取るべきメッセージを受け取り、人生に生かすことを大切にしましょう。

未来は変わるもの、意識を変えましょう

タロット占いは遠い先の未来を占うものではありません。未来は意識を変えることで変わります。最終的には、質問者本人が結果をみてどうするかを決めることによって、未来は自分で変えていけるものということを覚えておきましょう。

タロットカードの歴史

起源ははっきりしていませんが、
中国やインドで生まれたゲーム用のカードが西ヨーロッパのほうへ伝わり、
ルネサンス時代のイタリアで絵札が加えられたとされています。

イスラム文化圏の
カードゲーム

トルコのイスタンブールにあるトプカプ宮殿美術館には、イスラム文化圏で作られたとされる「マルムーク・カード」が所蔵されている。イスラム文化圏ではカードゲームが13世紀ごろからあったともいわれているが、現存しているカードは15世紀のものと考えられている。

イタリアでゲーム用の
タロットカードが人気

1440年ごろに制作されたと思われるミラノにある壁画に、タロットで遊ぶ貴族たちの姿が描かれていたり、ミラノ公がカードゲームを好んでいたという公式の記述が残っていたりする。ルネサンス時代のイタリア貴族の間ではゲーム用のタロットカードが人気だった。

日本にもカードゲームが渡来

戦国時代の日本には、ポルトガル経由で西洋のカードゲームが入っていた。花札に似た「うんすんかるた」という独自のカードゲームも存在していた。

13世紀　　　　**15世紀**　　　　**17世紀**

「ヴィスコンティ・
スフォルツァ版
タロット」
誕生 → P172

「マルセイユ版
タロット」
誕生 → P173

中国やインドで
カードゲームがあった

唐の時代の中国や、はるか昔のインドで、プレイングカードがあったといわれている。

現存する最古の
マルセイユ版
タロットが作られる

フランスのジャン・ノブレが、17世紀中ごろに作ったものが、現存する最古の「マルセイユ版タロット」のうちの1つといわれており、パリの国立図書館に保存されている。

タロットカードが成立

イギリスのタロット研究家マイケル・ダメットによると、タロットは1420〜50年に成立したとされる。パリの図書館にある17枚のカードが、1392年頃にフランスのシャルル6世のために描かれた「現存する最古のタロット」とする説があったが、実際は15世紀に描かれたことが研究でわかった。

「エジプト起源説」が
発表される

1781年、フランスのクール・ド・ジェブランが『原初世界』を出版し、タロットは古代エジプトが起源であり、神秘的なものという考えが広まった（エジプト神聖文字の解読により、現代ではタロットはエジプト起源ではないことがわかっている）。

アメリカで大衆向けの
占い本が発売される

時代が移り、アメリカでたくさんのタロットが生産されるようになる。「タロット占いの母」とよばれたイーデン・グレイが1960年に出版した大衆向けのタロット占いの入門書『明かされたタロット』がベストセラーになる。カウンター・カルチャー運動の影響もあり、新たな視点で一般に広まった。

タロットカードが
日本で大流行

1930年代になると日本でも、タロットカードが紹介されはじめ、1974年から起こったオカルトブームとともに大流行する。1990年以降、少女雑誌や女性誌で大きく取り上げられ、さらに人気が高まった。

初の職業タロット占い師が活躍

フランスのエティヤが、占い師として活躍する（初のタロット占い師といわれている）。1783年に『タロットとよばれるカードによって楽しむ方法』という本を出版し、大きな影響を与えた。

| 18世紀 | 19世紀 | 20世紀 |

「ウェイト＝スミス版
タロット」誕生 → P173

「アルカナ」という言葉が登場

近代魔術の父といわれるフランスのエリファス・レヴィは、タロットとカバラという秘教的な思想を結びつけた。その教えを受けたポール・クリスチャンが1863年に出版した著書『テュイルリーの赤い糸』の中で、初めてタロットの絵札を「アルカナ」（ラテン語の「秘密」の意）と名づけたといわれている。

タロットの基本図書が出版される

フランスのオカルト研究家のパピュスが1889年に出版した『ボヘミアンのタロット』は、1冊をタロットにあてた初の書籍であるといわれ、今でも発行されている基本図書の1つである。

「黄金の夜明け団」が
設立される

1888年にイギリスで「黄金の夜明け団」という魔術結社が設立された。タロットをはじめ、錬金術、天使論などのオカルト理論を体系化し、10年ほどの活動のなかで人々に大きな影響を与えた。

タロットカードの移り変わり

貴族たちのゲーム用カードとして広まったタロットカード。
時代の変化とともに変遷がありました。
ここでは、代表的な3種類のカードを紹介します。

起源には、さまざまな説がありますが、先に紹介したように、中国やインドで起こったプレイングカードが西ヨーロッパに伝わり、貴族の間でゲーム用のカードになったといわれています。その後、占いのツールとして深く考察されるなかで、正位置や逆位置の意味の違いを取り入れながら、宇宙や深層意識につながる特別なカードとして、広まっていきました。

カードは手描きの豪華なものから始まり、印刷技術の進化によって木版画のもの

が生まれ、その後も魔術的要素の強い象徴や構図が描かれるなど、監修者の意図や思想が織り込まれたさまざまなデッキが誕生しました。なかには、反キリスト教的な思想を持ったイギリスの魔術師アレイスター・クロウリーによる独創的な表現のデッキがカルト的な人気を得たことも。

現在では、動物などのモチーフを中心としたものや、デザイン性の高いものなども登場し、美術品としてコレクションする人が少なくありません。

15世紀

ヴィスコンティ・スフォルツァ版

15世紀末にイタリアのミラノ公国で作られた現存する世界最古のタロットカード。権勢を誇ったスフォルツァ家で最初のミラノ公となったフランチェスコ・スフォルツァのために描かれたとされています。絵柄はすべて手描きの豪華なもので、同じく名家のヴィスコンティ家、スフォルツァ家の両家とゆかりの深い紋章などが描かれたカードもあります。11セットが現存していますが、どれもカードの欠落が見られます。完全に近いものが復刻され、今も流通しています。

©of all Tarot images belong to Lo Scarabeo

17~18世紀　マルセイユ版

　版画による大量生産が可能な時代になると、庶民にも広がります。ヨーロッパで最も普及したのがフランス南部の地名を冠したマルセイユ版のタロットカード。この後に広まるウェイト＝スミス版とは大アルカナの順序が違い（8と11が逆）、小アルカナは人物が描かれず、数を示すだけのデザインです。大アルカナは抽象的な絵柄に、隠し絵的な特徴があることから、高度なリーディングが求められるとされています。

ニチユー株式会社／東京タロット美術館

19世紀　ウェイト＝スミス版

　現在、最も多くの人に愛用されているタロットデッキです。現在のタロットカードの意味を確立した秘密結社「黄金の夜明け団」（p.171）の団員であるアーサー・エドワード・ウェイトが考案し、画家のパメラ・コールマン・スミスにより78枚すべてのカードに絵柄がつけられ、一大ブームを巻き起こしました。絵柄には黄金の夜明け団の秘儀やカバラなどの神秘思想が込められ、イメージが湧きやすい絵柄は、初心者にも人気となりました。本書も、ウェイト＝スミス版に準じて解説しています。

AGM-Urania

タロットカードの用語集

ここではタロット占いに出てくる用語を整理しました。
本書では出ていない用語もありますが
知っておくと便利なものばかりなので、ぜひ活用してください。

あ アルカナ
ラテン語で「秘密」や「神秘」を意味する言葉。タロットカードは大アルカナ22枚と小アルカナ56枚の計78枚で構成されている。

イコン
タロットカードに描かれている神秘的な絵柄のこと。聖図像。

ウェイト版
ウェイト=スミス版タロット。基本のタロットカードとして普及している。

ウィッシュカード
ラッキーカードのこと。［カップの2］［太陽］［世界］［運命の輪］などが一般的。

エレメント
四大元素を構成する「火」「水」「風」「地」の4つのグループのこと。それぞれに影響を与え合う関係性が、タロットカードの解釈に用いられている。

オラクル
「神託」や「預言」という意味。ワンオラクルというのは、1枚のカードを引き、それを読み解く占い方のこと。

オラクルカード
神託やお告げをくれるカードのこと。エンジェルやフェアリー、神様などをモチーフにしており、カードの枚数はデッキによって異なる。

オールリバース
すべてのカードが逆位置に出ること。占者によって解釈方法や取り扱いが異なる。

か カット
カードの山をいくつかに分けて並び替えたり、交換したりすること。

カップ
小アルカナのスートの1種。聖杯。飲食に使われるカップは儀礼的な意味合いが強く人間の情動の象徴とされている。

カバラ
ヘブライ語で「伝承」という意味の言葉。ユダヤ教の伝統に基づいた神秘思想。「師から口伝によって伝えられる、神から伝えられた知恵」という意味。

キーカード
質問の状況や質問者を示すカードのこと。リーディングの際に参考として用いる。

逆位置
カードが占者から見て、上下が逆に配置された状態のこと。

顕在意識
意識の表層に位置する自覚的なもの。

コートカード
小アルカナのなかの人物札のことで、宮廷札ともいう。スートごとに4枚で構成され、ペイジ、ナイト、クイーン、キングの4人が描かれている。

コンビネーション
リーディング
2枚以上のカードを関連させてリーディングを行う方法。占者によってさまざまな作法や解釈がある。

さ シグニフィケーター

スプレッド上で占いをする人、もしくはゲストを表すカード。

シャッフル

カードを混ぜ合わせて順番や向きを入れ替えること。占者によって混ぜ方は異なる。

ジャンプカード

シャッフルの途中などに1枚だけめくれたり落ちたりしたカードのこと。

小アルカナ

大アルカナ以外の56枚のカード。14枚ずつ、ワンド・ペンタクル・ソード・カップの4つのスートに分かれ、各スートにはA(エース)から10の数札とコートカードがある。

浄化

カードに触れた人や占われた人の念や思いなどをはらうこと。シャッフルの際に左回りにかき混ぜる。浄化のタイミングややり方は人によって異なる。

スート

四大元素のシンボル。ワンド・ペンタクル・ソード・カップがあり、小アルカナを構成する。

スプレッド

カードの並べ方、レイアウト方法のこと。またはカードを展開すること。

正位置

カードが占者から見て、上下が正しく配置された状態。

セッション

タロット占いの実践のこと。

潜在意識

意識の深層に位置し、本人が気づかない思考や感情のこと。

ソード

小アルカナのスートの1種。剣または刀を指す。人間の進化の象徴とされている。

た 大アルカナ

78枚のタロットデッキのうち、22枚が大アルカナ。タロットの占いの核となり、運命的な出来事を示す。

タロットクロス

タロット占いをする際にテーブルに広げる布のこと。素材やサイズはさまざま。クロスを広げることで、場が整うとともに、カードが傷みづらくなる。

デッキ

1組のカードのこと。

な ヌーメラルカード

小アルカナの各スートのA(エース)～10までの数札のこと。全部で40枚ある。

は パイル

テーブルに置かれたカードの山のこと。

フルデッキ

22枚の大アルカナと56枚の小アルカナを合わせた1組のカードのこと。

ペンタクル

小アルカナのスートの1種。コインを表す。物の価値や金銭など、物質的・実質的なものの象徴として扱われる。

ま マルセイユ版

マルセイユ版タロット。原型は17世紀にあり、18世紀に占い兼ゲーム用として普及した。

ら リーダー

タロット占者のこと。

リーディング

配置されたカードの意味を読み取ること。

わ ワンド

小アルカナのスートの1種。棒または杖のこと。人間の根源的な力の象徴として扱われる。

タロットQ＆A

タロット占いをするうえで知っておくと便利なQ＆Aを紹介します。

Question

タロットカードなら
どれを買ってもよいですか？

A 初心者はウェスト＝スミス
版がおすすめです。

タロットカードは大きな書店やインターネットの専門店などで販売されています。カードによってサイズが異なるため、自分の手の大きさを考慮して選びましょう。初めて購入する場合には、ウェイト＝スミス版がおすすめです。最も広く普及しており、象徴がわかりやすく、数札も絵柄なので初心者にも解釈しやすいとされています。

Question

友達からもらったカードを
そのまま使ってもいいですか？

A できたら
浄化してから使いましょう。

人から譲り受けたカードを使ってもよいですが、使用する前に持ち主の想念を浄化するといいでしょう。カードを浄化するには、カードの上にクリスタルを置いたり、セージやお香を焚いて煙にくぐらせたりするなど、さまざまな方法があります。簡単に行うなら、カードを左回りにシャッフルして浄化する方法がよいでしょう。

Question

カードの解釈に迷う時は
どうしたらいいですか？

A 第一印象を
大切にしましょう。

タロット占いは占者によって解釈が変わる自由な占いです。決まり事やルールは特にありませんが、カードの解釈に迷う場合は、絵柄やスプレッド全体を見てはじめに受け取った印象を大切に、イメージを広げてみましょう。複数出ているシンボルや数字からヒントを得ることもできます。慣れるまでは実例を見てプロの解釈を参考にイメージを広げるといいでしょう。

Question

タロット占いをする時間は
いつがいいですか？

A 集中できる時なら
いつでも大丈夫です。

真夜中にタロット占いをするのはNGという説もありますが、基本的にはいつ占ってもOKです（「おみくじタロット占い」は朝がおすすめ）。占いたいことが思いついたり、「今なら集中できるかも」という時など、時間を問わずいつでも占いましょう。何事も「思い立ったが吉日」です。ただし、体調がすぐれない時や時間が限られていて集中できない時は避けたほうがいいでしょう。

5章

いろいろな悩みで
実践練習

ここでは悩みと解答実例を8つ用意しました。
まずは相談を受けた気持ちで占ってみましょう。
スプレッドの選び方や読み解き方の参考にしてください。

リーディングのコツ

初めてのリーディングでは何を読み取ればいいのか戸惑ってしまうことも。
リーディングのコツをおさえて、タロット占いを自由に楽しみましょう。

カードと向き合い
イメージを広げる練習を

　タロット占いは、出たカードの意味を並べるだけではなく、占う側の感性によって読み取り方や結果が変わる占いです。そのため、占う人はアンテナを研ぎ澄ませて、今カードが伝えようとしていることをしっかりと見極める必要があります。まずは、カードを見た時の第一印象や感じたことを大切に読み取りましょう。タロット占いには「こうしないといけない」というルールはありません。リーディング上達のコツ（p.192）を参考にイメージを広げましょう。

実例を見ると
解釈の仕方がわかる

　タロット占いの解釈を広げるためには、多くの実例に触れることが大切です。練習を重ねていくうちに、「この場合、この位置に出たカードは、こんな風に読み取れるのか」とさまざまなパターンに触れることができます。また、質問や悩みの例も同様にすることで、分野によって異なる解釈の仕方ができるようになり、タロット占いのセンスが磨かれていきます。さらに、答えのバリエーションの蓄積が、さまざまな事例におけるカードの読み取りに役立ちます。

5つのポイント

タロット占いは続けることで感性が磨かれていく占いです。
ポイントをおさえて練習してみましょう。

point 1 枚数の少ないスプレッドで慣れる

まずは枚数の少ないスプレッドから始めてみましょう。最初は大アルカナ22枚のみを使用して占い、カードの扱いや読み取り方に慣れていくことが大切です。過去・現在・未来がわかるスリー・カードはタロット占いの基本。おさえておくと、枚数が増えても応用できます。

point 2 カードの正位置の意味を覚える

タロット占いは、カードが正位置か逆位置かで解釈が異なります。まずは、正位置が意味するものやキーワードをしっかりと理解しましょう。逆位置は正位置の意味の過不足を表すことが多いので、やりすぎていたり、不足していたりしないかを考えるといいでしょう。

point 3 大アルカナに注目する

大アルカナは、運命的な出来事や成長へのプロセスを示すことが多く、小アルカナよりも強い意味をもっています。フルデッキ78枚で占う場合には、大アルカナが出た位置やそのキーワードにメッセージやヒントがあるかもしれません。そこに重きを置いて読み取りましょう。

point 4 小アルカナはコートカードのイメージを大切に

小アルカナのコートカードは人物の個性や対人関係、相談者の心理状態を表します。コートカードが出た場合、出た位置とともに人物のイメージに注目して読み取ってみましょう。この人物像は相談者本人なのか、それとも関係する誰かを表すものなのか、相関図をはっきりさせることで、相談の答えが出しやすくなります。

point 5 複数出ている絵柄・色・数字があったら注目を

レイアウトされたカード全体を見渡した時に、何度も出てくる絵柄や色、数字があったら、それはカードからの何らかのメッセージです。絵柄、色、数字それぞれがもつ意味を調べ、今回のリーディングのなかで伝えたいことは何なのか探ってみるといいでしょう。

例題に挑戦してみましょう

ここからは悩みと解答実例です。相談を受けたつもりで、占ってみましょう。
その後で解答例を読んでリーディングへの理解を深めてください。

※おすすめのスプレッドを入れましたが、ほかのスプレッドで占うこともできます。

お悩み

1

大好きだった愛犬と
来世でも会えますか?

とてもかわいがっていた愛犬が亡くなってしまいました。犬は人より寿命が短い
ので仕方がないと思いつつ、なかなかペットロスから立ち直れません。来世で
もまた会えるかどうか知りたいです。

おすすめのスプレッド	ツー・オラクル
使用カード	大アルカナ22枚

解答例
▼
p.184

お悩み

2

お金が貯められないのですが、
どうしたらいいでしょうか?

将来に向けて貯金をしたいのですが、入ってきたお金はすぐに使ってしまい、な
かなか貯めることができず悩んでいます。浪費癖をなくすためには、どうしたら
いいのか知りたいです。

おすすめのスプレッド	ツー・マインド
使用カード	大アルカナ22枚

解答例
▼
p.185

占うときの心がけ❶

- 占いをするための場所を用意し、集中してから始めましょう。
- 答えは「こうなるはず」という思い込みは捨てましょう。
- カードの意味やアドバイスにしっかり向き合いましょう。

お悩み

3

この先の人生、
私は結婚できるでしょうか？

結婚したいと思っているのですが、もしかしたら、一生独身なのかもしれないと不安です。結婚はできるのでしょうか？　もしできるとしたら、相手はどんな方なのでしょうか。

おすすめのスプレッド	シンプル・クロス
使用カード	大アルカナ22枚

解答例
▼
p.186

お悩み

4

離婚を経験してから、一歩を踏み出せません。
いい再婚ができるか知りたいです。

幸せな再婚をするためにはどうしたらいいでしょうか？　私と相性のいいのはどんなタイプの人でしょうか。この先、いい人と出会って再婚することができるのか知りたいです。

おすすめのスプレッド	シンプル・クロス
使用カード	大アルカナ22枚

解答例
▼
p.187

占うときの心がけ❷

- 心身が疲れている時は、占わないようにしましょう。
- 占う時は肩の力を抜いてリラックスしましょう。
- 客観的な視点をもち、冷静な判断ができる時に占いましょう。

お悩み

5

子どもの時から人の輪に入るのが苦手です。
私に友達はできるのでしょうか？

なかなか人の輪に入ることができず、孤立しがちです。たまに友達ができても長続きしません。自分のどこに問題があるのか知りたいです。どうしたら友達を作ることができるのでしょうか。

おすすめのスプレッド	スリー・カード
使用カード	大アルカナ22枚

解答例
▼
p.188

お悩み

6

楽しい老後を過ごせるでしょうか？
どんな生活になるのか知りたいです。

人生の折り返し地点を過ぎました。老後への不安を感じているのですが、将来に向けて、どうするのがいいでしょうか。これから新しい生きがいを見つけて、元気に過ごせるでしょうか。

おすすめのスプレッド	フォー・カード
使用カード	フルデッキ78枚

解答例
▼
p.189

人に結果を伝える時の心がけ

- 思いやりをもち、丁寧な言葉を選んで伝えましょう。
- 物事への幅広い知識を増やし、わかりやすい表現を使いましょう。
- ネガティブなカードが出た時は対策をメインに伝えましょう。

お悩み

7

勉強しない子どもが心配です。
どうするといいでしょうか?

子どもが勉強をしないことが心配で、あれこれと口を出したくなりますが、過干
渉になりたくないという気持ちもあります。この先、子どもとどのように関わっ
ていくのがいいのでしょうか。

おすすめのスプレッド	ピラミッド

使用カード	フルデッキ78枚

解答例
▼
p.190

お悩み

8

彼は結婚について
どう考えているのでしょうか?

長くつき合っている人がいるのですが、結婚についてどう考えているかわかりま
せん。こちらから話を進めてみるべきでしょうか。彼からのプロポーズを待って
いたほうがよいのでしょうか。

おすすめのスプレッド	ヘキサグラム

使用カード	フルデッキ78枚

解答例
▼
p.191

大好きだった愛犬と
来世でも会えますか?

解答例

未来に[死神]などのカードが出ると、つい身構えてしまいがちですが、
出た場所や位置によっては凶札ではないことも。
質問の内容と照らし合わせて丁寧に読み取りましょう。

現在／結果　　　　　未来／アドバイス

女帝(逆)　　　　　死神(逆)

Answer

ペットは今もあなたを見守っています。
今を大切に生きれば、来世でも会えるでしょう。

現在／結果に出た[女帝]は万物の命を生む母性の象徴ですが、逆位置なので、過保護や過剰な愛情を表しています。これまで我が子のように可愛がっていたペットが亡くなった悲しみや寂しさは、言い表すことができないほどだと思います。

そして、未来／アドバイスに出た[死神]の逆位置は、再生や生まれ変わりを表しています。生き物はちゃんと成仏していれば、輪廻転生し、また生まれ変わって出会えるといわれています。あなたのペットはかわいがってもらっていたことに感謝して、あなたのことをずっと見守っています。

大切な存在を失って立ち直れない日々を送っているあなたを見て、ペットも心を痛めていることでしょう。あなた自身が悔いのない人生を送り、幸せに暮らしていれば、来世でまた会えると思います。

2

お金が貯められないのですが、
どうしたらいいでしょうか？

解答例

心の奥底を表す「潜在意識」のカードは、自分の心と向き合うきっかけをくれます。
これまで思いつかなかったアドバイスが隠されていることも。
最初見た時に「どう感じたか」を大切にしましょう。

顕在意識		魔術師（逆）
潜在意識		女教皇

Answer

今が意識を変えるチャンスです。
投資や貯蓄について学ぶと運が開けます。

顕在意識に学習力や才能の開花を示す［魔術師］が逆位置で出ているのは、後先を考えずにお金を使ってしまうことを表しています。これまでは、浪費ぐせを直さなくてはいけないと頭で理解しつつも、「何とかなる」と無計画にお金を使っているのではないでしょうか？

しかし、潜在意識には［女教皇］が正位置に出て、直感や学問を表しています。まさに、今がお金について、考え直すチャンスです。何かを学ぶのにとてもいい運気なので、投資の勉強をしたり、貯蓄を増やしたりすることで運が開けていくでしょう。今の直感を大切にしながら、新しい意識でお金の勉強をすることで、これまでの浪費グセも一掃することができます。貯蓄も大切ですが、将来に向けてお金をうまく運用しながら、さらなる金運アップにつなげられるといいですね。

この先の人生、
私は結婚できるでしょうか？

解答例

「今の問題／試練」に出てくるカードがよいカードの場合、どう読み解くかが大切です。
今回は物質的成功を表す［皇帝］が出ていますが、
試練の場合は障害となっている人物の存在を想定してみるといいでしょう。

現在の状況

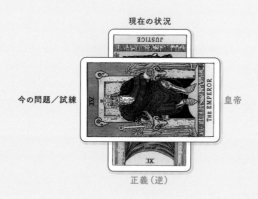

今の問題／試練　　　　　　　　　　　　　　　　　　　　　皇帝

正義（逆）

Answer

深刻になりすぎずに気楽に考えて。
包容力のあるお相手と安定した結婚がかないます。

現在の状況にバランスや冷静さ、判断力を示す［正義］が逆位置で出て、不公正さや条件が合わない恋を表しています。今までなかなか好みの相手に出会えなかったり、恋愛に臆病になっていたりしたのかもしれませんね。

そして、**今の問題／試練**の位置には権力や男性性を表す［皇帝］の正位置が出ています。家庭の中で権力のある父親が恋愛に干渉したり、あな

た自身が考えすぎたりして思うように恋愛に発展しないこともありますが、［皇帝］には責任感が強い、包容力のある人という意味もあるため、将来的には包容力のある方と安定した結婚ができると思います。今は不安かもしれませんが、「結婚しないと」とあまり構えすぎずに「気の合う人と出会えるといいな」くらいに気楽に過ごしていれば、よいお相手とめぐり会えるでしょう。

4

離婚を経験してから、一歩を踏み出せません。
いい再婚ができるか知りたいです。

解答例

「今の問題／試練」に、[審判]という家庭の幸せを象徴するカードが出ています。
これは、「家庭の幸せをかなえたいけれど、かなわないからそれが問題である」とも
読み取ることができます。

現在の状況

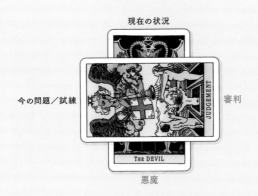

今の問題／試練　　　　　　　　　　　　　　審判

悪魔

Answer

過去の失敗の原因を見つめ直し、
生活パターンを変えてみると新しい出会いが。

現在の状況に[悪魔]の正位置が出て、自己否定やマイナス思考を表しています。過去の結婚生活や現在の状況から、自分に自信をなくしているようです。このままでは、見かけだけの優しさやルックスのよさなどで異性を判断して、誘惑に負けて流されてしまいそう。

しかし、**今の問題／試練**に過去の失敗から学ぶことや再チャレンジを意味する[審判]の正位置が出ていま

す。一度、冷静に過去の失敗の原因を見つめ直してみては。今までとは違う生活パターンにチャレンジしたり、選ぶ相手のタイプを変えてみたりと、改善できるところから始めてみましょう。過去の失敗を引きずらずに、新しいライフスタイルや物事に挑戦してみることで、これまでに出会わなかった人や物との関係が生まれ、将来的によい方向になっていきそうです。

子どもの時から人の輪に入るのが苦手です。
私に友達はできるのでしょうか？

解答例

子どもの時からの悩みなので、時系列で占えるスリー・カードが合っています。
「未来」に出た[塔]には、"一瞬"という意味もあります。
悩んでいる状況が一瞬でガラッと変わるという暗示とも読み取れます。

過去

THE SUN
太陽

現在

THE WORLD
世界

未来

THE TOWER
塔

Answer

積極的に話しかけてみましょう。
過去から解放され、新しい自分に出会えます。

過去に喜びや成功を表す[太陽]の正位置が出ています。カードによると、幼い頃から仲間に恵まれる環境でありながら、思うように友達ができずに悩んでいたようです。

現在には[世界]が正位置で出て願いがかなうことを表しています。新しい趣味を始めるなど、機会を作り、積極的に人の輪の中に入ってみると、共通の趣味の人が見つかり、仲よくなれるかもしれません。また、違う文化に身を置くことでいい刺激を受けたり、外国人の友達ができるかもしれません。

未来には解放や激変、自分勝手を表す[塔]の正位置が出ました。これは、今の状況を変えることでつらい過去から解放され、新しい自分が発見できる可能性があることを暗示しています。ただし、わがままで自己中心的な言動をするとよい関係を築けないので注意が必要です。

6

楽しい老後を過ごせるでしょうか？
どんな生活になるのか知りたいです。

解答例

「問題／障害」は「必要条件」ともとらえられます。
フォー・カードは、注意点やアドバイスが得られるこの問題に適したスプレッド。
楽しい老後を過ごすために必要不可欠なものが日々の充実ということがわかります。

過去	現在	問題／障害	未来／結果

運命の輪	ワンドの9	カップのナイト	正義

Answer

新しい趣味にチャレンジすることで
視野が広がり楽しいシルバーライフに。

過去に幸運や成功を表す［運命の輪］の正位置が出ました。これまで幸運な流れのままにパワフルに人生をお過ごしだったと思います。

現在に出た［ワンドの9］の正位置は、準備万端や未来に備えて準備をする状況を表します。

問題／障害に創造力やチャンス到来を表す［カップのナイト］の正位置が出ていることから、今後も日々を充実させながら、新しい趣味や今までやってみたかったことなどにチャレンジしてみてはいかがでしょうか。

未来／結果に出た［正義］は正位置で、バランスや人間関係を表しています。新しい世界に踏み出すことで、同じ趣味の仲間ができたり、視野が広がっていくでしょう。これまでの人生でのあなたの行いの恩恵を受けながら、楽しいシルバー期を過ごすことができると思います。

勉強しない子どもが心配です。
どうするといいでしょうか？

解答例

大切なのは、「解決への導き1」と「解決への導き2」を詳しく読み解くこと。
ここでは、"頼りすぎ"と"現状打破"の2つのアドバイスが出ています。
この2点をうまく利用して、解決案を導きましょう。

未来／結果

ワンドのA

解決への導き1　　　　解決への導き2

ペンタクルの10（逆）　　　塔（逆）

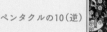

現状　　　　　現状となった原因　　　過去／過程

ペンタクルの
クイーン（逆）　　　　隠者　　　　カップの10

Answer

もう一度親子関係の見直しを。
周囲への相談で解決策が見つかることも。

過去／過程に愛しさを表す［カップの10］の正位置が出て、愛情を持ってお子さんを育てられた様子がうかがえます。

ただ、**現状**に［ペンタクルのクイーン］の逆位置が出ているので、かわいいあまり甘やかし、なんでも言う通りにしていたのではないでしょうか。今のままでは、親離れ子離れができないかもしれません。

現状となった原因に出た［隠者］の正位置は過保護を表しています。

解決への導き1の［ペンタクルの10］の逆位置は頼りすぎていることを示しており、**解決への導き2**には［塔］の逆位置が出ているので、その状況を壊すことがカギです。

未来／結果には［ワンドのA］が正位置で出て新しい出会いを意味することから、一人で考え込まず、周りの人に相談してみると、新たな考え方に気づくことができそうです。

彼は結婚について
どう考えているのでしょうか？

解答例

「望み／潜在意識」のカードをしっかり読み取りましょう。
[ソードのA]の逆位置は、相手の状況を考えずに自分のペースで
進めていることを示します。無理に進めると彼の気持ちが離れるかもしれません。

過去
ソードの7（逆）

望み／潜在意識
ソードのA（逆）

アドバイス
ワンドの6（逆）

結果
ペンタクルの8

近い未来
ワンドの5（逆）

現在
ペンタクルの10

環境
ソードの5（逆）

Answer

焦りは禁物！ 時間をかければやがて幸せな結婚が訪れます。

過去に出た[ソードの7]の逆位置は、不誠実や脱力を表します。

現在には[ペンタクルの10]の正位置が家族の絆を表しているため、理想の相手に出会い、交際して結婚をしたいことが伺えます。

近い未来は情緒不安を表す[ソードの5]の逆位置なので相手の気持ちがつかめずイライラしていませんか？

環境には[ソードの5]の逆位置が出ていて、このままでは傷つくことに。

望み／潜在意識に出た[ソードのA]の逆位置をみると、強引に話を進めようとしないほうが得策です。

アドバイスは楽観主義を表す[ワンドの6]の逆位置なので、焦らず時間をかけて彼の気持ちが結婚に向くように余裕を持つことが大切です。

結果に出た[ペンタクルの8]の正位置は努力を表します。どんな障害でも努力で乗り越えられ、その先に幸せな結婚が約束されていると思います。

リーディング上達のコツ

どんなスプレッドでも、タロット占いの基本となるのは、
現在・過去・未来。問題全体の流れをしっかりとつかむことが
解決策へとたどりつく近道です。

すべてのカードを開き
流れをつかむ

　初めのうちは、カードを1枚ずつ開い
ていくよりは、すべて開いて全体のイメー
ジを受け取ると、解説のストーリーがつく
りやすくなります。すべて開いた時に、第
一印象が「いい・ちょっといい・きびしい・
悪い」など、何となくでもイメージを受け
取ってみましょう。そこから基本である現
在・過去・未来を見て、全体の流れをつ
かんでから、原因や解決策を深掘りし、
ストーリーに肉づけをしていくとスムーズ
にアドバイスができるようになります。

枚数が増えても
慌てずに読み解く

　枚数が多いスプレッドの場合、読み解
くのが難しそうですが、そんなことはあり
ません。例えばヘキサグラムなら、まずは
占いの基本となる現在・過去・未来をき
ちんと読み取ることが大切。問題の流れ
を汲んだうえで、これからどうしたらいい
のかという解決策を落ち着いて探っていく
と混乱しません。全体の印象からカード
が何を伝えようとしているのかを念頭に置
きながら、1枚ずつ丁寧に読み取ってみま
しょう。右ページを参考にしてください。

ちょっとしたことでも、どんどん占いましょう

タロット占いは回数を重ねるほど上達します。だんだんと直感力が磨かれ、
カードが伝えたいメッセージを汲み取れるようになり、的中率がアップしてい
くのです。日常のほんの小さなことであっても、「占ってみたい」と思ったら、
迷わず占いましょう。経験が増えるにつれて、不思議と答えの正確さが増し
てゆき、タロット占いのパワーを感じるようになるでしょう。はじめのうちは
メモをとっておくと、気がついたことや、その日のリーディングを振り返るこ
とができます。タロットカードの力を信じ、自信をもって占えるようになると、
さらに的中率があがります。

STEP 1　上向き三角形で時系列をつかむ

まず、上向きの三角形に出た「過去」「現在」「近い未来」を読み取り、問題全体の流れを読みます。過去には原因が含まれていることもあり、まずは過去を読み解く必要があります。

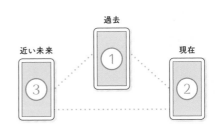

STEP 2　下向き三角形でアドバイスを受け取る

下向き三角形に出た「環境」「望み／潜在意識」「アドバイス」のカードがこの問題の解決策となります。この３つのカードが合わさった時に、問題にどう働きかけるのかを俯瞰して見ます。

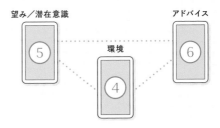

STEP 3　アドバイスを受け入れた結果の未来を読み解く

STEP1の上向き三角形の流れをふまえ、STEP2の下向き三角形のメッセージの通りに進むと、どうなるかを「結果」のカードで読み取ります。下向き三角形が示すカードが、質問した悩みや問題を応援してくれているかどうかも、「結果」のカードを見ることでわかります。

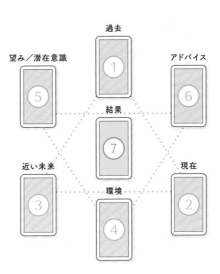

5章　いろいろな悩みで実践練習

タロットQ&A

タロット占いをするうえで気になるQ&Aを紹介します。

Question

なぜ6枚を捨てて 7枚目を引くのですか?

A 数字にも 意味があるからです。

　「7」は特別な意味をもつ数字とされています。例えば、旧約聖書には、神様がこの世界を創るのに7日かけたと書かれています。1週間は7日間ですし、音階は7音(ドレミファソラシ)あります。「7」は周期を表す数字であることから、完成を意味すると考えられ、7枚目のカードには特別な意味が示されるとされているのです。

Question

霊感がまったくありません。 当たりますか?

A 何度もやっていると 的中率が上がります。

　タロットカードは霊感や第六感がなくてもできる自由な占いです。特に決められたルールはありませんので、おみくじ感覚で占ってもOK。自分にはインスピレーションがないと思っていても、続けていくうちにピンとくる感覚や「こういう意味かも?」という考えが浮かぶなど、不思議と当たるようになります。

Question

読みとれないカードが出た時は どうしたらいいですか?

A カードを引き足して みましょう

　まずは、カードを引いた時のインスピレーションを大切にしてほしいのですが、どうしても読めない場合には、「このカードが意味することは何ですか」とたずねて、カードを1枚引き足してみましょう。1枚だけではピンとこなかったら、「ヒントをください」と、もう1枚引き足しても大丈夫です。

Question

出るカードがかたよるのは 何か意味がありますか?

A かたよるのには 意味があります。

　フルデッキで占った時に「大アルカナ」ばかりが出たら、質問者にとって大きな意味のある問題であることを表します。「小アルカナ」ばかりが出たら、その逆といえます。同じスートが多く出た時はそのスートの意味(p.100)が強く含まれています。コートカードが多い時は、関わる人物が多いという意味です。

タロットカードの
キーワード一覧

すべてのカードのキーワードをまとめました。
大アルカナのラッキーカラー＆アイテム一覧も
ぜひ活用してください。

O
愚者

p.18

Keyword **無垢の可能性**

正 自由奔放／純粋／天真爛漫／好奇心／
無邪気／恐れ知らず／冒険

逆 無計画／気まぐれ／無責任／信頼を失う／
思いつき／軽率／無謀

I
魔術師

p.20

Keyword **新たな始まり**

正 知識／行動／ひらめき／集中力／創造力／
才能が開花する／コミュニケーション力

逆 優柔不断／不器用／気弱／気力が足りない／
他力本願／アイディア不足

II
女教皇

p.22

Keyword **圧倒的な知性**

正 直感／頭脳明晰／学問／神秘／受動的／
白黒はっきりさせる

逆 冷淡／批判的／閉鎖的／視野が狭い／
余裕のなさ／完璧主義／ルール違反

III
女帝

p.24

Keyword **豊かな満足感**

正 母性／豊かさ／妊娠／繁栄／
クリエイティブ／リニューアル

逆 傲慢／怠惰／強欲／快楽主義／
情緒不安定／過保護／嫉妬／束縛

VIII

力

p.34

Keyword　**しなやかな強さ**

正　努力／克服／固い絆／ピンチをチャンスに／
信頼関係／強い意志

逆　諦め／怠惰／逃げ出す／邪念／意志の弱さ／
実力不足／媚び／手抜き

IX

隠者

p.36

Keyword　**深くて静かな思索**

正　思慮深さ／孤高／探究心／熟考／
自分と向き合う／内面を見つめる

逆　頑固／偏屈／こだわり／心を閉ざす／
閉鎖的／孤立／疑心暗鬼

X

運命の輪

p.38

Keyword　**転機の訪れ**

正　運命／幸運／変化／パワフル／好機／
展開／成功／チャンス到来

逆　停滞／悪化／アクシデント／すれ違い／
逆戻り／タイミングが悪い

XI

正義

p.40

Keyword　**冷静で公正な決断**

正　バランス／人間関係／モラル／判断力／
注意深い／勇気／平等

逆　不公平／感情的／曖昧／公私混同／
矛盾／不正な行為／不透明

XII

吊るされた男

p.42

Keyword **未来のある試練**

正 試練／修行／自ら進んで犠牲になる／
身動きできない／発想の転換

逆 苦痛／消耗／骨折り損／報われない努力／
状況悪化／受け入れ難い現実

XIII

死神

p.44

Keyword **再生につながる終了**

正 再生／復活／変化／旅立ち／
生まれ変わり／未練／終わり／断念

逆 迷い／執着／頑固／変化を受け入れられない／
踏ん切りがつかない

XIV

節制

p.46

Keyword **調和のとれた融合**

正 中庸／融合／節度ある行動／
バランスをとる／調和／調整する

逆 アンバランス／流れが止まる／自己中心的／
感情に振り回される

XV

悪魔

p.48

Keyword **逃れられない誘惑**

正 欲望／自堕落／快楽的／執着心／
誘惑に勝てない／理性を奪う／無秩序

逆 束縛からの解放／悩みの解消／
現状から脱却／欲求のコントロール

XVI

塔

p.50

Keyword　**価値観の崩壊**

正　解放／争い／破壊／アクシデント／激変／
自分勝手／ショック

逆　トラブル寸前／行き詰まり／問題の露呈／
動揺／ダメージを引きずる

XVII

星

p.52

Keyword　**努力の先にある希望**

正　可能性／自分を信じる／才能を磨く／
感性に従う／夢がかなう／創造力

逆　失望／高過ぎる目標／幻滅／悲観的／
鈍い感性／チャンスを逃す

XVIII

月

p.54

Keyword　**移ろいゆく心**

正　不安／曖昧／見えない敵／
不透明な先行き／妄想／移ろいやすさ

逆　見通し／クリアな状態／
実態が明らかになる／不安の解消／決着

XIX

太陽

p.56

Keyword　**前進するエネルギー**

正　喜び／幸せ／成功／成長／栄光／誕生／
満足／成就／パワーがある

逆　挫折／日陰／停滞／エネルギー不足／
不健全／落胆／自信過剰／中断

XX

審判

p.58

Keyword　**今後を左右する岐路**

正 ターニングポイント／心機一転／復活／
解放／チャンス／始まり

逆 トラウマ／傷が癒えない／結論が出ない／
執着／過去にとらわれる

XXI

世界

p.60

Keyword　**完璧な一体感**

正 完成／円満／ハッピーエンド／勝利／
相思相愛／安全／和解／成就

逆 不完全／高望み／不満／先が見えない／
迷い／心が折れる／気おくれ

[大アルカナ] 対応する十二星座と惑星・キーワード一覧

大アルカナ		十二星座と惑星	キーワード	大アルカナ		十二星座と惑星	キーワード
0	愚者	天王星	革命／進化	XI	正義	天秤座	バランス感覚に優れた
I	魔術師	水星	知識／情報	XII	吊るされた男	海王星	夢想／自己陶酔
II	女教皇	月	感情的／素直	XIII	死神	蠍座	感情を秘めた／一部に集中する
III	女帝	金星	豊かさ／愛／美	XIV	節制	射手座	自由／哲学的／探求心が旺盛
IV	皇帝	牡羊座	情熱的	XV	悪魔	山羊座	責任感が強い／理性的
V	教皇	牡牛座	穏やか／こだわりをもつ	XVI	塔	火星	活力／アクシデント
VI	恋人	双子座	社交家／好奇心旺盛	XVII	星	水瓶座	高い理想／個性派
VII	戦車	蟹座	感受性豊か／敵と戦う	XVIII	月	魚座	ロマンチスト／心優しい
VIII	力	獅子座	全力で進む／自尊心が強い	XIX	太陽	太陽	前進するエネルギー
IX	隠者	乙女座	繊細／秩序を重んじる	XX	審判	冥王星	終わり／再生
X	運命の輪	木星	幸運の到来	XXI	世界	土星	制限／限界

大アルカナ ラッキーアイテム＆アクション一覧

おみくじタロット占いで引くカードは、
よりメッセージのパワーが強い大アルカナをおすすめしています。
毎日の占いに役立ててもらうために、ラッキーアイテム＆アクションを
一覧にまとめました。ぜひ毎日の占いに役立ててください。

	カラー	パワーストーン	フード	グッズ	アクション
0 愚者 p.18	アップルグリーン	ペリドット	グレープフルーツジュース	イヤホーン	銀行口座を作る。
I 魔術師 p.20	マスタードイエロー	ターコイズ	手作りのおにぎり	リュックサック	朝食をしっかり食べる。
II 女教皇 p.22	パープル	アメジスト	豆料理	スカーフ	カフェタイムをとる。
III 女帝 p.24	ベージュピンク	インカローズ	ハーブ料理	アロマオイル	手料理をする。
IV 皇帝 p.26	ワインレッド	サファイア	抹茶テイストのスイーツ	腕時計	靴の汚れを落とす。
V 教皇 p.28	朱赤	翡翠（ひすい）	根菜を使ったスープ	ゾウのグッズ	神社仏閣めぐり
VI 恋人 p.30	マゼンタ	ローズクォーツ	パスタ	レースの小物	ヘアケアをする
VII 戦車 p.32	モスグリーン	タンザナイト	マリネや酢の物	スニーカー	ライブに行く。
VIII 力 p.34	マロンブラウン	レピドライト	牛肉の煮込み	馬蹄形のアクセサリー	トレーニングジム
IX 隠者 p.36	コバルトブルー	プレナイト	エビ料理	キャンドル	一人旅をする。

	カラー	パワーストーン	フード	グッズ	アクション
X **運命の輪** p.38	エメラルドグリーン	アイリス	サンドイッチ	革の財布	登山や トレッキング
XI **正義** p.40	ネイビーブルー	カーネリアン	コーヒー	めがね	資産運用や 預貯金
XII **吊るされた男** p.42	グレージュ	ブルーカルセドニー	豆腐料理	観葉植物	サウナや 岩盤浴
XIII **死神** p.44	瑠璃色	モリオン	ヨーグルト	バスソルト	冷蔵庫を 整理する。
XIV **節制** p.46	ライトブルー	エレスチャル	ミネラル ウォーター	ガラスの花瓶	洋服の整理、 処分をする。
XV **悪魔** p.48	シルバー	マラカイト	キムチ、漬物	アンティーク 家具	足つぼ マッサージ
XVI **塔** p.50	ブラック	カイヤナイト	刺身	鈴	展望台や 高層ビルに のぼる。
XVII **星** p.52	レモンイエロー	ガーネット	オムライスなど 卵料理	リップクリーム	玄関の 掃除をする。
XVIII **月** p.54	アイボリー	ムーンストーン	フルーツタルト	手鏡	電気製品の コードを 整理する。
XIX **太陽** p.56	オレンジ	サンストーン	トマト料理	ヘア アクセサリー	スポーツ観戦
XX **審判** p.58	ピュアホワイト	ラブラドライト	ドーナツ	帽子	古くからの 友人に会う。
XXI **世界** p.60	ゴールド	ルチルクォーツ	ビール、 シャンパン	サン キャッチャー	寄付、 ボランティア 活動

小アルカナ キーワード一覧

ワンドのA　p.102

Keyword **情熱的な始まり**

創造／出発／純粋さ／情熱／
直感／誕生／エネルギー／
やる気／スタート

ワンドの2　p.103

Keyword **さらなる高みへ**

選択／指導力の発揮／
遠くを見通す／躊躇／
強い影響力／社会的成功

ワンドの3　p.104

Keyword **大いなる前進**

結果／期待感／
理想を追い求める／目標へ進む／
一定の成果が出る／展望

ワンドの4　p.105

Keyword **心安らぐ実りの時**

安定／心の安らぎ／
精神的な喜び／充実／自由／
ひと区切り／平和な日常

ワンドの5　p.106

Keyword **意欲に燃えた戦い**

対立／試練／主張／
内部分裂／不毛な争い／
現状に満足しない／議論

ワンドの6　p.107

Keyword **周囲を導く力**

リードする／成功／主導権／
努力が報われる／朗報／
チームワーク／競り勝つ

ワンドの7　p.108

Keyword **有利な立場を生かす**

闘志／優位な立場／孤軍奮闘／
必死／守りの固さ／現状維持／
多忙を極める

ワンドの8　p.109

Keyword **スピーディーな変化**

急展開／急速な動き／目まぐるしさ／
加速／予想外のチャンス／
機会をとらえる

ワンドの9　p.110

Keyword **敵に屈しない心**

警戒／防御／抵抗／用意周到／
遅延／機会をうかがう／
人事を尽くす

ワンドの10　p.111

Keyword **プレッシャーとの戦い**

重圧／苦労／社会的責任／
負担の大きい仕事／力量不足／
歩みを止めず進む

ワンドのペイジ　p.112

Keyword **将来への期待**

うれしい情報／未来への一歩／
信頼できる人物／優秀な後輩／
実現への熱意

ワンドのナイト　p.113

Keyword **挑戦への意欲**

新たな出発／衝動的／情熱／
向上心／猪突猛進／現状打開／
熱しやすく冷めやすい

ワンドのクイーン　p.114

Keyword **頼りになる存在**

懐の深さ／親切心／
情緒豊か／芯の強さ／
華やかな魅力／姉御肌

ワンドのキング　p.115

Keyword **満ちあふれるパワー**

先頭に立つ／行動力／風格／
向上心／リーダーシップ／
実行力／情熱／カリスマ性

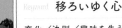

あふれ出る愛の力

幸せ／芸術性／平和／
ピュアな愛情／精神的充足／
感性を生かす／癒やし

通じ合う心

信頼関係／絆／相互理解／
恋の始まり／うれしい出会い／
バランスのよさ

社会性を育む

友愛／連帯感／楽しい時間／
仲間意識／バランスのよい関係／
心地よい距離感

動かない気持ち

ためらう／退屈／倦怠／
機会を逃する／腰が重い／
無関心／ないものねだり

深い喪失感

落胆／失望／喪失／
ネガティブな感情／執着／
可能性が残る／方向転換が必要

原点への回帰

郷愁／懐かしい思い出／
初恋／過去の出来事／
分かち合う／浄化

現実からの逃避

幻想／妄想／誘惑／
都合のよい解釈／思い込み／
表面的／理想と現実の差

移ろいゆく心

変化／決別／興味を失う／
再挑戦／方針を変える／
色あせて見える／捨て去る

思いがけない幸運

成就／満足感／願いがかなう／
物質的安定／精神的充足／
満ち足りた状態

今ある幸せに気づく

幸福感／家族愛／安らぎ／
不安のない状態／
充実した人間関係／平和な日常

感性のおもむくままに

純粋／柔軟な考え／個性的／
優しさ／ムードメーカー／
すべてを受け入れる

ゆるやかな前進

慎重／穏やか／柔らかな物腰／
美的センス／優柔不断／
告白される／協力者の出現

献身的な愛情

優しさ／慈しみ／相手に尽くす／
広い心／情が深い／創造性／
ロマンチスト

寛大に受け止める

威厳／包容力／寡黙／人望／
傾聴／信頼できる／
相手を受け入れる

ソード

● 監修　　　紫月香帆（しづき・かほ）

開運セラピスト。占い好きの祖母と母の影響で、幼い頃より家相・風水などの占いに親しんで育つ。高校在学中に芸能活動とともに、九星気学を独学で始め、のちに本格的に指導を受け、さらに手相人相学も習得。九星気学、風水、手相・人相、タロット、姓名判断、四柱推命などの占術と豊富な知識を駆使した鑑定は的中率の高さとわかりやすいアドバイス、具体的な開運方法の伝授に定評がある。メディアやSNSなど多方面で活躍中。パワーストーンにも精通し、オリジナルデザインのアクセサリーショップ（「光運shop」https://kouunshop.base.shop/）も運営。『やってはいけない風水』（河出書房新社）など著書多数。

【 Website 】 https://www.shizukikaho.com
【 Facebook 】 https://www.facebook.com/kaho.shizuki
【 Instagram 】 https://www.instagram.com/kaho.shizuki

● STAFF
装丁	tobufune（小口翔平＋畑中茜）
本文デザイン・DTP	佐藤春菜
装画	おざわさよこ
本文イラスト	柿崎こうこ
画像提供	株式会社ストーンマーケット、ピクスタ
執筆協力	元井朋子、水本晶子
撮影	松木潤（主婦の友社）
校正	夢の本棚社
編集	藤門杏子、吉原朋江（スリーシーズン）
編集担当	森信千夏、秋谷和香奈（主婦の友社）

● 掲載協力
（タロットカード）
ニチユー株式会社／東京タロット美術館　【 Website 】 https://pentacle.jp
AGM-Urania　【 Website 】 http://www.agm-urania.com
Lo Scarabeo　【 Website 】 https://www.loscarabeo.com
　　　　　　　【 Facebook 】 https://www.facebook.com/LoScarabeoTarot
　　　　　　　【 Instagram 】 https://www.instagram.com/loscarabeotarot

● 参考文献
『鏡リュウジの実践タロット・リーディング』鏡リュウジ（朝日新聞出版）
『タロットの秘密』鏡リュウジ（講談社現代新書）
『これ1冊でぜんぶわかる タロットの基本』ルナ・マリア（主婦の友社）

1枚から占える 未来がわかる 完全版タロット占い

2023年4月10日　第1刷発行

編　者　主婦の友社
発行者　平野健一
発行所　株式会社主婦の友社
　　　　〒141-0021　東京都品川区上大崎3-1-1目黒セントラルスクエア
　　　　電話 03-5280-7537（編集）／ 03-5280-7551（販売）
印刷所　大日本印刷株式会社
© Shufunotomo Co., Ltd. 2023 Printed in Japan.
ISBN 978-4-07-453368-8